カモネギ太郎・花子と学ぶ
茂助流 不動産投資法

絵と文　加藤茂助

セルバ出版

まえがき

茂助

カモネギ太郎

カモネギ花子

太郎　茂助さん、僕らのことを本で紹介するって本当ですか？

花子　私がいかに無知だったか知れ渡るので恥ずかしいわ。

太郎　なんで僕らのことを本にするの？

茂助　それはね、最近不動産投資家を目指す人が多くなっている。でも、必要な知識を身に付けていないと収益性の低い物件を購入し、赤字に陥るケースが多いからだよ。

　今や不動産投資ブームで沢山の本やセミナーがあるけど、どれもが断片的で偏った内容が多い。反面、初心者が必要な知識を系統的に説明しているものがとっても少ない。

　だから、太郎さん、花子さんの体験したことを皆さんに知っていただき、失敗しないようにしたいからなのだよ。

花子　そうですか。確かに花子の場合最初は表面利回りだけで良し悪しを判断していたわ。茂助さんからいろいろな知識や分析の仕方を教わらなかったら、今頃はとんでない物件を買ったでしょうね。

太郎　僕も流行りに乗ってシェアハウスを開業したけど、事前にきちんと勉強しておけば2年で撤退することなんかなかったですね。

茂助　そうだよね。不動産投資は大きな金額が動くものだから、我々はきちんとした知識を身に付けて始めなければならないね。だから、二人の体験を本にすることはとっても有意義なのだよ。

太郎　そうでしたか。それだったら一人でも多くの人がこの本を読んでくれると嬉しいね。

三人　読者の皆さん！　是非最後まで読んでくださいね。

平成27年5月

加藤　茂助

カモネギ太郎・花子と学ぶ　茂助流不動産投資法　目次

第2部　カモネギ太郎の戸建賃貸編

第3部　カモネギ花子の不動産投資大作戦―今さら聞けない基礎知識

【カモネギ花子の不動産投資大作戦　初級編】

第1部　カモネギ太郎の女性専用シェアハウス開業編

カモネギ太郎登場

茂助さんは東京都の外れにある外国人向けアパート、シェアハウスを経営している大家さんです。

ある日、いつも参加する大家塾の集まりに新しい人が参加しているのを見つけました。サラリーマンらしく青いスーツを着ています。早速、茂助さんは声をかけてみました。

茂助　こんにちは。私は茂助と申します。大家塾に参加したのは初めてですか。

太郎　初めまして。僕、カモネギ太郎です。友人の紹介で初めて参加しました。僕、これから不動産投資を始めたいと思っています。

茂助　太郎さんが不動産投資を始めるきっかけは何なの？

太郎　僕、最近仕事がなかなかうまくいかなくてクビになるかもしれません。それに備えて不労所得が欲しいのです。

最近、いろいろな本を買って勉強しましたが、不動産投資はお

金がなくても銀行からお金を借りて誰でも始められるのが気に入りました。

茂助　そうなの。でも、不動産投資や賃貸経営って決して儲からないし、楽ではないよ。

太郎　でも僕、ちゃんと勉強しているから大丈夫です。不動産投資はきちんと勉強すれば怖いものではありません。

茂助　確かに、知識があれば良いけど、それだけでは十分ではないはず。ところで貯金はどのくらいあるの？

太郎　貯金は１００万円もありません。でも、銀行からオーバーローンで借りればお金なんか要りません。
　それに、僕は一般のアパートかマンションとかあんな利回りの低いものは狙っていません。
　地方のボロ物件を安く仕入れてシェアハウスに改装して、高く貸すのです。
　地方では安い戸建が沢山売りに出ているので簡単に手に入るじゃありませんか。

茂助　確かにそのような手法を取る人はいるけど、ただ利回りが良いだけでは儲けに繋がらないよ。
　やっぱりもう少しの勉強と貯金が必要だね。

茂助さんは、太郎さんの無鉄砲振りに不安を覚えました。不動産投資は多額のお金が動くので、失敗するとそのダメージが大きいからです。

でも、そのときは別な仲間と話をするために席を立ったので話はそこで終わりました。

カモネギ太郎さんからの電話

それから2か月後、カモネギ太郎さんから電話がありました。

太郎　茂助さん、以前お会いしたカモネギ太郎です。あのときはありがとうございました。

茂助　おや、久しぶりだね。その後、どうしていたのかい？

太郎　実は、首都圏にある戸建住宅を買うことができました。

茂助　それはすごい。あのときは地方を狙っていたけど、首都圏の物件かい。でも、お金はどうしたの。確か自己資金は殆どなかったよね。

太郎　父親から借りました。いわゆる「家庭内ビバレッジ」です。

茂助　おいおい、それいうなら家庭内レバレッジだろう。

太郎　あー、そうですね。　アハハハ…。

茂助　でもお父さんは良く承諾したねえ。

太郎　やはり大変でした。

でも父は退職金が入ったばかりで運用先を考えていたところだったんです。
このまま銀行に預けるより、不動産投資をしている息子に投資すべきと説得しました。
結局、今回限りということで何とか借りることができました。

茂助　おやおや、ずいぶんと息子に甘いお父さんなのだねえ。

太郎　それに、購入したのは競売物件ですので、首都圏と言っても格安です。

茂助　え、いきなり競売！
また、いきなり競売なんて、レベルの高いことにチャレンジしたねえ。

太郎　本を読んで勉強したからです。
あれから更にいろいろな本を読んで勉強したので怖いものはありません。
リスクがあっても安く買って高く貸せば絶対に成功します。

茂助　そうか、それじゃ戸建賃貸で手堅く運用するのかい？

太郎　違います。茂助さんのようにシェアハウスにリフォームして貸したいと思います。
シェアハウスは古い戸建をリフォームして貸せば、かなりの高利回りになりますよね。

太郎　それに、シェアハウスオーナーなんてカッコ良いじゃありませんか。
運が良ければ美人入居者と仲良くなって彼女にできるかも知れません。

茂助　そうかい、でもシェアハウスオーナーってそんなにカッコ良い物じゃないけどなあ。
自分もいろいろなシェアハウスオーナーを知っているけど、美人入居者を彼女にしたなんて話聞いたことがないなあ。

太郎　ところで茂助さん、是非この物件を一度見に来てください。そして僕の作戦を聞いてください。僕の周りにはシェアハウスをやっている人はいません。

だから、是非アドバイスをいただきたいのです。

ドアも開かない住宅

というわけで、茂助さんはカモネギ太郎さんの物件を見学することになりました。

カモネギ太郎さんの電話を受けてから1週間後、東京都に限りなく近い某駅前に向かいました。

約束の時間にカモネギ太郎さんと落ち合い、物件まで10分ほど歩きました。

駅前の賑わいを過ぎると住宅と町工場とが共存したエリアが続いています。

歩きながらカモネギ太郎さんはいろいろと物件のことを話してくれます。

それによると、前所有者はこの近くにある町工場のオーナーで、息子夫婦と一緒に住むために2世帯住宅として建てました。

その後、リーマンショックの影響で町工場が倒産して、担保となっていた自宅が競売に出されたのでした。

カモネギ太郎さんの購入した物件は、道路からちょっと奥まったところにありました。大手メーカーで建てた45坪ほどの戸建住宅で、築年数は20年ほどの1階2階とも２ＬＤＫの二世帯住宅でした。

築年数は比較的新しいものの、競売にかけられるような経済状態でしたので、手入れが悪く全体的にかなり荒れていました。

カモネギ太郎さんは玄関を開けて室内に案内してくれました。

室内は荒れ放題だったので靴のまま入ります。

茂助　あれ、リビングのドア、半分しか開かないね。

太郎　実は家が傾いているのです。

こちらの窓も閉まらないので普段はシャッターを降ろしています。

茂助　傾いているなんて問題だね。でも、お金を掛ければ傾きは直せるよね。

太郎　傾いているのを直すのはお金がかかります。

父親から借りたお金は購入費であらかた使い、できるだけリフォーム費用を節約したいのです。じつは業者に聞いたところ、この家の傾きを直すのは可能ですが、地盤そのものが弱いのでまた傾いてしまうとのことでした。

結局、建物を取り壊して、地盤改良して建て直すほうが良いとのことでした。

茂助さん、イタリアにもピザのシャトーってありますね。

茂助　それを言うならピサの斜塔だろう

太郎　そうそう、それです。あのピザのシャトー傾いていても倒壊していませんよ。だから大丈夫です。

茂助　おいおい、ピサの斜塔は寄付金で補修しながら何とか現状を保っているのだよ。

茂助　それじゃ、この家だめじゃない。なんで買う前に調べなかったの？

太郎　見学したのが夜だったので良くわかりませんでした。それに競売物件なので、もともと手入れが悪いだろうから見ても仕方がないと思って簡単に外見だけ見ただけでした。でも、この物件絶対にお宝だと思っています。

茂助　おや、すごい自信だねえ。

太郎　茂助さん、不動産というものは勢いが必要なのですよ。タイミングを逃すと一生取得できません。僕は、この物件のことを知ったとき、絶対に良いモノだと直勘しました。今までも直勘で行動して来ましたが、間違ったことがあ

りません。

茂助　（心の中で）その直勘が怖いのだ。

太郎　実は周りの建物も皆傾いています。この一帯、よっぽど地盤が弱いのですね。でも、業者は家が傾いていても床を水平に張り替えれば扉も閉まるようになると言っています。

茂助　でも、それも数年したらまた閉まらなくなるかも知れないね

太郎　建て替えはお金がかかるので家賃収入を貯めてからでないとできません。まあ、買ってしまったのでもう返せないし。そうなったらそのとき考えます。あっはっは（笑ってごまかす）。

どうやらカモネギ太郎さんは建物のチェックは殆どせず、裁判所の資料だけで判断して入札したようです。競売の本では、「裁判所の資料は正確でない場合が多いので必ず自分で確認するべき」と書いてあるのですがねえ。

一連の会話からカモネギ太郎さんは買ったことを後悔している様子ですが、もう遅いですね。

その後、他の部屋も見て回りましたが、恐らく猫を飼っていたのでしょう、壁紙は傷だらけ。高級そうな建具もネコのひっかき傷がある上にセンスが古くて使い回しができそうもありません。結果、結構なリフォーム金額になることが予想されました。

その後、駅前のカフェに入り、カモネギ太郎さんのリフォーム案を聴くことにしました。

驚きの間取り

カフェに入るとカモネギ太郎さんは、カバンから間取り図を出しました。
カモネギ太郎さんは、自分で描いた間取り図を広げて得意そうに説明します。

太郎　僕はできるだけ部屋数を多く確保したいと思っています。
部屋数が多ければ利回りが上がります。そこで、こんな間取りを考えました。

茂助　このプランだと2階の14畳相当のリビングを3つの部屋に分けるのだね。
1階の6畳の洋室も2つに分けて7LDKになるね。
2階のトイレもお風呂場も潰すのかい？

太郎　はい、風呂とトイレは7人で住むなら1つあれば十分です。
女性専用にするつもりなので、同性同士なら問題ないでしょう。

茂助　確かに風呂とトイレは7人に一つでも可能ではあるけど、私のシェアハウスでは5人に1つのシャワーでも、朝は結構混み合っているよ。
もし、それぞれ2つあればその点をアピールできるのでは？

太郎　でも、水回りの工事は高いので、費用を節約するためにもここは譲歩できません。

茂助　そうですか。1階の部屋も2つに分ける案だけど、これだと窓のない部屋ができるね。

太郎　それはそうですが、その分だけ家賃を安くすれば大丈夫じゃないですか。

　やはり壁を壊して、窓を追加するのはお金がかかるので、窓なしで行きます。

太郎　僕、昔香港旅行で泊まったホテルの部屋には窓がありませんでした。でも、すぐ慣れたから問題ないと思います。

茂助　（びっくり）でも、日本では窓のない部屋は建築基準法違反だよ。

太郎　そうなのですか？　困ったなあ（どうやら基本的な知識が欠けている様子）。それじゃ、もう少し考えます。

茂助　（話題を変えて）カモネギ太郎さんの案は1階にあるリビングをラウンジに転用するんだね。

　私だったら広くて明るい2階にある14畳のリビングをラウンジにしたいなあ。

　その代わり一部屋少なくなるけど。

太郎　そうですか。でも、入居者は勤め人が多いから昼間は

いないですよね。だから、日当たりの悪いのは問題ないと思っています。
やはり部屋数を減らすのは、避けたいですね
茂助さん、この間取りならば利回り20%になります。不動産投資は少ない予算でできるだけ多くの家賃収入を得るのが大事です。そのためには多少不便でも住めれば良いと思っています。

茂助　でも1階のリビングって8畳しかないよね。
8畳だと冷蔵庫やテーブルを置いたら一杯になる程度の広さだよ。
それに、1階リビングは隣家が迫っていて日当たりが悪いね。
いくら平日は働いていても、休日の昼間はハウスにいることが多いだろうし。
やはり入居者には快適に住んでもらいたいけどねえ。

そんなやり取りがしばらく続き、気が付けば2時間以上が経過していました。もう外は真っ暗です。その日はそれで別れましたが、茂助さんは利回りを上げることしか考えないことに不安を感じました。果たしてこんな計画でうまく行くのかなあ?

シェアハウスに限らず賃貸住宅の企画はターゲットを明確にして、そのターゲットに気に入られるようにアイデアを出すのが王道です。

でも、カモネギ太郎さんはターゲットを女性と決めたものの、女性に好まれる設備とかインテリアを考えている様子が見受けられません。

茂助さんはとても心配になりましたが、所詮他人の物件です。あんまり細かい注意をしても聞いてくれなければ仕方がないと思い、それ以上考えるのを止めました。

いよいよ工事開始

それから1か月後に、またカモネギ太郎さんから電話を受けました。

太郎　もしもし茂助さんですか。やっと計画がまとまりました。来週から工事が始まります。
茂助　そうか、良かったね。で、あれからどんな風に変えたの？
太郎　間取り図はあのときのまま変えていません。でも、さすがに窓のない部屋はまずいので、窓を付けましたけど。
茂助　そうなの、基本的にあの間取りでやるのだね（嘆息）。

どうやらカモネギ太郎さんは、最初からアドバイスを受け入れるつもりはなかったのです。
カモネギ太郎さんは自分の計画に自信を持っていました。ですから、アドバイスを受けるというのは口実で、実際には自分の計画を褒めて貰いたかったのでしょう。

太郎　利回りを上げるためには自分で管理すれば良いのですが、サラリーマンなのでできません。

そこで、間取り図を元にシェアハウスの企画管理会社にいろいろ当たって来ました。

茂助　いろいろ努力したんだね。で、どこの会社を当たったの？

太郎　最初は大手のカシノキハウスやチェリーハウスなんかに当たったのですが、彼らは僕の考えたプランにケチをつけてきます。やれターゲットがあいまいだとか、設定家賃が高いとか、この間取りは狭いとか、住み辛いだとか。

文句ばかり言うくせに、管理料が高いのでこちらからお断りしました。

茂助　それは入居者目線でのアドバイスではなかったのかい？

私も、あの間取りを見て、同じ感想をもったからねえ。今までのシェアハウスは戸数が少なく人気があったから部屋数優先でも良かったけど、これから市場が拡大するに連れ、住みやすさが差別化のポイントになると思うよ。

満室を維持するためには、もう少し長期的な視点で検討したほうが良いと思うけどなあ。

太郎　僕はそうは思いません。

やはり、管理会社はオーナーの利益を一番に考えてくれないとダメだと思います。

茂助　そうか（ガッカリ）で、結局どこに決まったの？

太郎　アコギハウスです。大手ではないですが、最近どんどん業績を伸ばしています。

茂助　アコギハウスか。あの女性専用のシェアハウスで、女性向けのインテリアを売り物にしている業者だね。

茂助　実は自分もアコギハウスにリフォームの見積もりを依頼したことがある。そのときは見積書を最後まで出してこなかった。電話しても担当者は不在ばかり。

用件の取り次ぎもなければ、折り返し電話もメールの返信もしない失礼な会社だったなあ。ちょっとここは考え直したらいいかも（こんな対応の悪い会社があることは事実です）。

太郎　茂助さんのときは、そんな対応だったんですか。

今はそこまでひどくないですが、確かに電話の応対は良くないですね。でも、間取りもこちらの言う通りで良いと言ってくれました。

その上、リフォーム業者も紹介してくれました。

茂助　管理料は何％？

太郎　家賃の25％です。大手の管理会社の管理料は家賃保証付きで家賃の40％なので、安いと思っています。

アコギハウスは満室保証こそありませんが、今人気の女性専用シェアハウスだから、空室なんか出るわけがありません。唯一残念なことは、女性専用なので男性はハウスに立ち入りできないことです。だからオーナーでもハウス内

には立ち入りできません。僕の美人入居者と仲良くなる夢が早くも破れました。

茂助　あはは、それは仕方ないね。

そんなわけで、翌日からカモネギ太郎さんのシェアハウスの工事が始まりました。

その後、シェアハウス名がホワイトドルフィンに決まったとか、シェアハウスのポータルサイトに大々的に物件が掲載されたとか、時折電話で報告を受けました。

そして2か月後のある日、ついに完成したとのことで物件見学会に招待されました。

白ずくめのハウスにビックリ

茂助さんは同じ大家塾の仲間と連れ立って、見学会に向かいました。見学会当日、カモネギ太郎さんは駅前で待ち構えていました。そして、その脇には若い女性が立っていました。

カモネギ太郎さんは嬉しそうに「彼女のヨーコです」と言って紹介しました。

そう言えば、以前婚活を始めると言っていましたので、恐らくブライダル関係のマッチングサイトで紹介されたのでしょう。

集合場所の駅前には20人程の人がすでに到着していました。多くは大家塾で顔見知りの人です。

物件まで仲間とおしゃべりをしながら、歩くこと10分、やがて見覚えのある路地が見えてきました。この路地を入った一番奥がカモネギ太郎さんの物件、ホワイトドルフィンです。ハウスの前でアコギハウスのスタッフが待機していて案内してくれました。

リフォームされた建物を見てびっくり！　仲間の一人が思わず「ホワイトハウス」と叫んでいました。

そうなのです。建物はすべて白。普通、白と言っても真っ白に塗っているケースは殆どありません。

でも、この建物は屋根から外壁、玄関ドア、サッシ、雨どいまで全て真っ白だったのです。

白い家と言っても、全体を引き締めて見えるようにどこかにアクセントカラーを使います。

でも、それもありません。

カモネギさんは得意そうに「アコギハウスのセンスの良さを見てください」と言いました。

すべてが真っ白ではセンスが良いとは言えません。確かに、新しいうちは清潔感があって良いけど、そのうち雨や埃で薄汚れてしまうでしょうねえ。

次に室内に入ります。ここも全部白。

ドアから、ベッドから何もかも真っ白、フローリングも白木に近い色。全体的には明るい雰囲気は味わえるものの、何となく冷たい感じで病院を連想します。

そして、玄関脇のリビングに入ります。さすがに今度はきちんとドアが開きました。

ここになぜか訳のわからないオブジェが置いてあります。アコギハウスのデザイナーの趣味なのでしょうね。必要以上に大きなテーブルのため部屋はとても狭く感じました。

２階に上がると、小さく区切られた部屋が並んでいました。これもインテリアは全部白。

中にはドアを開けるといきなりロフトへの階段がある部屋がありました。この部屋はベッドが置けないくらい狭いのですが、代わりに広いロフトを備えてあります。

実は、２階にあるロフトは屋根の熱気が籠ってとっても暑くなります。だから通常は物置代わりにしか使いません。

もし、寝室として使用しようとする場合には、エアコンや扇風機を設置したり、通風のために窓を付けたりして対策します。

でも、この部屋にはそのような対策が施されていませんでした。きっと夏場は屋根からの熱が籠り耐えがたい暑さになるものと思われます。どこまでも真っ白な部屋を見つづけていたせいか、目がちかちかします。

カモネギ太郎さんは得意満面で、見学者を前に長々と部屋について話を続けていました。茂助さんは、話を聞くのにも疲れたので早々に外に出て休憩しました。

その後、夕方から駅前の居酒屋で懇親会が開かれました。

カモネギ太郎さんは、参加された皆さんに得意満面で接しています。彼女は既に帰ったようです。

懇親会の席上では参加者の皆さんは本音を言いません。もっとも仮に言ったところで、今更元に戻せるわけじゃありません。

そこで、カモネギ太郎さんにちょっと気になった点を聞いてみました。

茂助　太郎さん、あの真っ白な家のコンセプトはカモネギさんが
　考えたの？

太郎　いえ、僕じゃありません。アコギハウスのデザイナーの提案です。白一色というのはとっても清潔な感じになるのだそうです。僕は、最初こそ白だけのインテリアに違和感を覚えましたが、プロのデザイナーが自信たっぷりに言うのだから大丈夫だろうと思います。

茂助　（心の中で）内見者の第一印象が一番大事なのだけどね。見慣れる前に断られそう。

やがて懇親会も終わり、カモネギ太郎さんと別れてから仲間同士の本音の会話が始まりました。

「いやはやすごいセンスだねえ。全部白というのは芸がないよね」

「あれだと1年もしないうちに汚れが目立ってしまう。薄汚れた部屋は不潔に見えるなあ」

「女性はインテリアを見る目が肥えているから、こんな部屋はすぐ飽きられそうだよね」

皆さんの意見を要約すると「かなり苦戦するだろう」ということでした。

満室スタート

それから6か月後、カモネギ太郎さんから電話がありました。

太郎　もしもし茂助さんですか。

茂助　こんにちは。先日の見学会は盛況だったね。

太郎　おかげさまで大盛況でした。見学会のときには皆さんすごく褒めてくれてうれしかったです。

茂助　その後状況はどうなの？

太郎　おかげさまであれから1か月で満室になりました。それ以降も満室です。

退去があっても、すぐに次の入居者が決まるので問題ありません。

茂助　それは良かった。

太郎　やはり、女性専用にしたのが良かったです。

僕はやっぱり時代を見る目があったのですね。あはは。

特に、担当者の親切京子（おやきりきょうこ）さんが素晴らしいです。まるで自分の家のように可愛がってくれます。彼女の自宅が物件に近いので、会社からの帰りに立ち寄って細かいところまでチェックして下さっています。

おかげで入居者の評判も上々で、皆さん気に入ってくれています。

茂助　そうか、それは良かった。

太郎　茂助さんのところはどうですか。

茂助　私のところは苦戦しているよ。

やっと先月になって満室寸前まで持ち直したところなのだ。

太郎　そうですか。大変ですねえ。

茂助さんも僕のように女性専用にしたらいいんじゃありませんか？
宜しければアコギハウスを紹介しますよ。

茂助　ありがとう。でも、今まで苦労した分いろいろなノウハウを得ることもできたのだから、これからは大丈夫。しばらくは外国人専用で頑張ってみるよ。

太郎　そうですか。それではお元気に。

どうやらカモネギさんは絶好調な様子です。得意満面な様子が電話から伝わってきました。
茂助さんは、「最初の1年は誰でもうまく行くけど、その好調がいつまで続くかなあ」と独り言を言っています。

2年目の異変

前回の電話から1年後のある日、茂助さんの元にカモネギ太郎さんから電話がかかってきました。

太郎　茂助さん、カモネギです。ご無沙汰しています。

茂助　おや、お久しぶり。結婚式の招待かな？

太郎　いえ違います。あのときの彼女とはそれっきりになりました。

茂助　それは残念だったね。美人だったのに。

太郎　でも、あれ以来、合コンで会った女の子とデートの約束を取り付けられることが多くなりました。僕、イケメンでしょ。その上シェアハウスオーナーなのでお金持ちに見られているのでしょうね。でも、いつも最初にデートした翌日には、お断りのメールが来るのです。

もしかしてデートのときに競売の話を長々とするのが良くないのかなあ。でも、他に話せるような話題もないし、競売の楽しい話は女の子もきっと好きだと思います。

茂助　（心の中で）やれやれ、競売の好きな女の子なんで聞いたことがないよ。

太郎　実は今日電話したのは、僕のホワイトドルフィンについて相談したいことがあるからです。

茂助　開業直後から満室になっていたあの女性専用のシェアハウスかい？　今でも女性専用物件は人気があるじゃないの。

太郎　開業してからしばらくは満室でした。でも、最近は退去が増えて来ました。募集をしてもなかなか決まりません。

今じゃ7室のうち4室が空室です。

茂助　そうなの？　それは困ったね。

太郎　実は、昨年あたりから周辺に新しいシェアハウスが続々とできました。今までは、あの近辺にシェアハウスは数えるほどしかありませんでした。まして、女性専用なんてゼロだったのです。今ではこの地域には、僕の知っているだけでも10軒のシェアハウスがあります。それも皆女性専用なのです。

大手のカシノキハウスがドミノなんとかとか言って、同じ地域に物件を集中させて開業しているのだそうです。

茂助　それってドミナント戦略のことだろう。

太郎　あー、確かそんな呼び方ですね。

茂助　最近ではコンビニが新規地域に進出するときに使っている手法だね。

一定のエリアに集中出店して知名度を上げる方法だ。

太郎　あ、そういう戦略なんですね。新しいシェアハウスは大型物件で、共用設備も充実しています。中にはダンススタジオとか映写会が開ける部屋があったりしてとても太刀打

ちできません。そのために、ホワイトドルフィンの入居者の多くは、新しいシェアハウスに移ってしまいました。シェアハウスって入居費用が安いし、家具付きなので荷物も少ないから身軽に移ることができるんです。だから、近所に新しいシェアハウスができると入居者が揃って見に行って、気に入ったらすぐに引っ越ししちゃうんです。

女性専用なので今さら男性を入居させることはできないし、僕困っています。

茂助　確かにシェアハウスは急激に拡大しているので変化が激しいね。

以前の古い戸建を安くリフォームして貸す手法は通用しなくなってきたのだね。

太郎　未だ2年しか経ってないのに、僕のハウスは早急に競争力がなくなっているのがわかります。

これがアパートなら10年は放置プレイが可能なのですかねえ。

茂助　おいおい、アパートだって10年も放置していたら大変な事態になるんだよ。

でも、確かにシェアハウスの変化は予想以上に激しいんだね。

常に進化させないといけない宿命だね。

太郎　ところで茂助さんのシェアハウスはどうですか。

こう言っちゃ失礼ですが、築50年の物件なので苦戦しているんじゃないですか。

茂助　幸いに満室が続いているよ。私のシェアハウスは外国人専門だから他のハウスとは競合しないし、設備が貧弱なかわりにおもてなしの精神で運営しているからね。

茂助　確かに過去にリーマンショックの影響で空室だらけのときもあったけどねえ。

そのときにはいろいろ努力したんだ。その後、市場が回復したときは、そのとき得たノウハウで更に収益が上がるようになったのだよ。だから、こんなときこそいろいろ努力して立ち向かうことが必要だと思うよ。

太郎　そうですか。でも、僕なんか未だ経験もないしサラリーマンなので時間もないし。今、どうやったら良いかわからなくて困っています。

（いつもサラリーマンであることを言い訳にするのが気になります）

茂助　そうだねえ、市場の変化が激しいので戦略を見直さねばならないとは思うけど、私も良い知恵が浮かばないなあ。とりあえずアコギハウスの担当者と相談したらどうかな。

確か、親切京子（おやきりきょうこ）さんはいろいろ親身になってくれる良い人だったよね。アコギハウスだって空室が増えたら、管理料が入らなくなるから困るだろう。ここは一緒になって対策を考えるべきだよね。

太郎　はい、そうしてみます。

親切京子さんの退職、そして

そして、それから1週間経って、再び電話がありました。

太郎　もしもし、カモネギです。実は大変困ったことになりました。

茂助　いったいどうしたのかい？

太郎　アコギハウスの親切京子（おやきりきょうこ）さんが1週間前に退職したのです。
今まで何の連絡もなかったので知りませんでした。

茂助　そうかい、それは残念だったね。

太郎　実は、以前から社長との折り合いが悪かったのです。

あるとき、彼女の個人の携帯から電話がありました。普段は会社の電話から掛けてくるのでおかしいと思ったら、個人的に悩みを聞いて欲しかったのですね。

社長の経営方針は金儲け最優先で、オーナーや入居者を大事にしないのです。

入居者からのリクエストがあっても金のかかることは一切許可してくれないのです。

あるとき、入居者から皆で鍋を一緒に食べたいのでカセットコンロと土鍋を購入して欲しいとのリクエストがありましたが、それも即座に拒否したそうです。

親切京子さんとしては安い費用で入居が喜んでくれるなら許可すべきといって言い争いになったそうです。社長は、常にお金のかかることはやりたがらないので、親切京子さんはストレスが貯まっていた様子でした。

恐らく、そんな社長の姿勢に反発して退職したんでしょうね。

茂助　そうか。どうもアコギハウスはいろいろ問題がありそうだね。

太郎さんの告白

太郎　実は僕、彼女のことが好きだったのです。それでデートの申込みをしようかと思っていたのです。うまくいけば結婚できるかも。そうしたら、一緒にホワイトドルフィンを経営できると思ったのに、とっても残念です。

茂助　そうだったのか。そんな思いがあったのだね。でも、こうなっては仕方ないな。それじゃ、後任の人と相談したら。

太郎　阿漕社長はこれを機会に少数精鋭で行くと言っているそうです。それなので、新たに人を雇わずに行くとのことです。そこで、親切京子さんの上司だった横着巧（おうちゃくたくみ）さんが兼務するようになりました。

茂助　あっそう。

太郎　昨日、その横着さんと電話で挨拶したのですが、これがとんでもない人です。僕のホワイトドルフィンの悪口ばかり言ってくるんです。

白一色なので汚れが目立って見苦しいとか、家賃が高すぎるなんて言うのです。

茂助　自分の会社でデザインしたのにそんな言い方はないよね。

太郎　それから、あのロフトのある部屋は夏暑いとのクレームが多く、管理が面倒なので募集を停止していたこともわかりました。

エアコンを追加すればまた募集を開始しても良いなんて言うのです。本当に横着な人です。

僕、びっくりしてホームページを確認したら、空室なのに入居中になっていました。

これってオーナーである僕が決めることですよね。担当者の独断でやるべきことじゃないですよね。この調子じゃ横着さんは独断で勝手に家賃を下げるかもしれません。

茂助　それはちょっとひどいね。

担当者が変わっても連絡一つないし、オーナーに無断で募集を打ち切ったりじゃね。

そんな担当と話をしても仕方がないから阿漕社長と会って話をしたら?

太郎　そうですね。そうしてみます。

多分、担当者の独断でやったことでしょうから社長に話して一喝して貰います。

こうして電話を切りましたが、どうもアコギハウスの内情は相当ひどいようです。こんな状況で奮闘しているカモネギ太郎さんが可哀そうになりました。

それから1週間後、カモネギ太郎さんからまたまた電話がありました。

電話から聞こえる声はいつもの元気がなく、今にも泣きそうな感じでした。

驚きの阿漕社長との会談結果

太郎　その後アコギハウスに連絡したのですが、阿漕社長は忙しいからと言って電話に出てくれません。折り返しの電話をお願いしても反応がありませんでした。

茂助　それはひどい対応だね。

太郎　そうは言ってもこちらも困っていますので、しつこく催促して、やっと阿漕社長と昨日面談できました。

茂助　そうか、それは良かった。

太郎　それが良くないのです。阿漕社長と面談の席では、横着さんの募集停止に対しての謝罪がないばかりか横着さんをかばうことばかり言っているのです。横着さんは管理件数が多くてとっても忙しいのだから、大目に見てくれなんて言われました。こんなこと、社外の人にいう話じゃありませんよね。

茂助　そりゃそうだ。

太郎　その上、今後の対策として、家賃値下げか大規模リフォームを提案してきました。そのくらいの対策は僕だって考えられます。

茂助　そうだよねえ。

太郎　僕は間取りを自分で考えたけど、その間取りがとても良いと言って褒めたのはアコギハウスです。そして、この間取りを元にアコギハウスの専属デザイナーがデザインすれば満室間違いなしと言ったのです。

　だから、リフォーム費用は割高だったけど、アコギハウスにお願いしたのです。でも、社長は今頃になって「あのリフォームは貧弱で良くなかった」なんて言うのですよ。自分で褒めたくせにそんな言い方はありませんよね。

　僕は今更家賃を下げるのも、リフォームもやりたくありません。考えてみれば、アコギハウスに実力があれば、今のような空室だらけの状態にはならないはずです。結局、集客する実力がないのを家賃が高いとか、リフォームが悪いとか、オーナーに責任転嫁しているのです。

　アコギハウスの阿漕社長は「女性専用シェアハウスは永遠に不滅です」って本を出版しています。

　僕は、本を書けるのは実力があるからだと思っ

ていました。

茂助　おいおい、本を出すのはお金があれば誰だってできるのだよ。例え文才がなくても、ライターに頼めば幾らでも立派な文章ができるのだよ。

太郎　そうなのですか。知らなかった。本を出すと言うのは、実力のある人しかできないと思っていました。

茂助　でも、カモネギ太郎さんは少し考え方がしっかりしてきたね。折角だから久々に会って今後のことを考えようか。

太郎　そうですか。それはありがたいです。

そうして、翌日にあるカフェで会うことになりました。

継続か撤退か

さて、カモネギ太郎さんのシェアハウスは開業2年目に入り苦戦しています。

頼みの親切京子さんも退職し、後任の横着巧さんにはひどい目にあっています。シェアハウスも事業の1つです。事業というものは長く続けることに意味があります。

長い間には好調のときもあれば不調のときもあります。

長期にわたり事業を継続しようとすれば、当然不調のときこそ立ち向かっていかなければなりません。困難に果敢に立ち向かい、悩みながらそれを乗り越えることで成長します。

実は、茂助も大家を始めた頃の満室状態から一気に空室だらけになった経験があります。

開業2年目にリーマンショックで１１０円だった円が、一気に90円まで上がったときです。

懐の乏しくなった外国人入居者は競って帰国してしまいました。

それまでは、すぐに新しい入居者が現れたのがさっぱり来ません。

仕方なくひたすら値下げして対応しましたが、その結果収益は大幅に低下しました。

その後は、このやり方を反省し、物件の付加価値を上げるように経営方針を変え、何とか元の状態に戻したのです。このとき、逆境を乗り越える過程でノウハウが身に付き、その後の経営に反映できました。その後、発生した福島原発の事故による空室増加も、そのときの経験があったので何とか乗り切ることができました。

そんなわけで、茂助さんとしてはこんなときこそカモネギ太郎さんには頑張って貰いたいと思っています。今まではアコギハウスに丸投げしていた管理を自分でやることによりノウハウを身に付け、今回の危機を乗り越えて成長して貰いたいです。

一方、危機を乗り越えられなかった場合のリスクも無視できません。

市場の変化に対応するには根性だけではできないことも沢山あります。

もし、乗り切れなかった場合はお父さんからの借り入れを返せなくなる上に、多額の借金を背負うリスクもあります。それを考えると名誉ある撤退という選択肢もあり得ます。

果たしてカモネギ太郎さんはどちらの道を選ぶでしょうか？

あるカフェにて

ここは茂助さんの住まいの近くにあるカフェです。

約束の時間にお店に入るとカモネギ太郎さんはすでに到着していました。いつもの元気が感じられません。うつむきながらコーヒーを啜っていました。

席に座ると同時にカモネギ太郎さんから今までのアコギハウスの蛮行を機関銃のように聞かされました。

それが一段落してから、

太郎　今にして思えば、僕はカモにされたのですね。いくら苗字がカモネギだからと言っても悔しいです。

茂助　まあまあ、落ち着いて。

太郎　カモネギ家は江戸時代から続いている由緒ある家系なのです。僕の先祖は、京都の鴨川の河原付近で鴨川ネギを大々的に栽培していました。昔は鴨川ネギと言えば九条ネギと同じくらい有名だったのです。

あるとき、狩に来た殿様に鴨川ネギを献上しました。殿様はこのネギが鴨の肉にとても合うので大変喜ばれました。そして、褒美として苗字帯刀を許されました。

そのとき戴いた苗字が鴨葱（かもねぎ）だったのです。そんな由緒ある家系の僕をカモにするなんて許しません。

茂助　そうか、カモネギ家って昔から続く名家だったんだね。

（名家の割には行動が軽率だなあとは言いませんでした）

太郎　いずれにしても、もうアコギハウスとは縁を切りたいと思います。

茂助　確かにそうかもしれないね。それじゃこの際アコギハウスとの契約を破棄したら。

そして、自分で管理したらどうなの？

太郎　今まで管理は全てお任せにしていたので自主管理なんてできません。

それに仕事で、毎日遅くまで働いているので時間もありません。

茂助　確かに自主管理は大変かもしれないけど、今のアコギハウスの管理は決して良くないからそれを改善するためには自分でやることが大切だと思う。

実はシェアハウスを経営するポイントは管理なんだよ。一般の賃貸住宅と違って共有部分が多い。それらの共有設備を皆が気持ちよく利用できるようきちんとルールを決めて、それをきちんと守ることが大事なのだ。

最近はシェアハウスの管理業者が増えているけど、これらの会社も未だ手探り状態で運営しているのが実情なのだ。だから、最初はオーナーが自主管理でノウハウを身に付けることが大事なのだ。どうだい、折角のチャンスだから自主管理に挑戦してみたら。


太郎　うーん、それも大事かもしれませんね。

でも困ったことに、アコギハウスは中途解約の場合は違約料を請求します。

今の契約期間満了までしばらく間があります。それまでは我慢しなければいけないですね。

また、解約するときは今の入居者を全部他の物件に移すと言っています。

そうなると余分にお金が必要になるし、新たに募集すると満室に戻すのにかなりの時間がかかるし、管理会社を変更すると管理料が高くなり収益的に苦しくなります。

太郎　僕、どうして良いかわかりません。

茂助　そうか、確かにいきなり自分でやれと言っても経験がなければ無理かもしれないねえ。

残念ながら、この状態になったときは良い方法はないなあ。
自分だったら思い切って契約破棄し、入居者を全部出した上で新しいコンセプトでやり直すけどねえ。あるいは、これ以上傷口が広がる前に売却するしかないかなあ。

茂助　まとめてみると、カモネギ太郎さんの選択肢はこの４つだよね。

１　アコギハウスのアドバイスに基づき　家賃の見直し、再度のリフォーム
２　アコギハウスの契約期間終了後、自主管理に切り替え
３　管理会社を直ちに変更する（管理料が上がり収益は悪化する可能性あり）
４　売却する（売却価格を見積もりして判断する）

それぞれのメリット、デメリットをじっくり検討したら良いね。

太郎　そうですか。それじゃもう少し考えてみます。うーん、頭が痛い！

カモネギ太郎さんの打った対策は？

後日、ホワイトドルフィンは売却したとの連絡がありました。
茂助さんとしては、将来のためにも自主管理でもうひと頑張りして欲しかったのですが仕方ありません。

でも、反面このまま続けて赤字を増やすよりは良かったかなと思いました。

今回の経験によりカモネギ太郎さんは大きく成長したことでしょう（多分）。

シェアハウスの光と影

カモネギ太郎さんは一時期の流行りに乗って十分な調査もせずに勢いで始めてしまったことに問題があります。

シェアハウスは需要が伸びていること、利回りが高いことから投資家から注目を集めています。でも、需要の伸び以上に新規参入が多く、常に新規物件が供給されるので開業時の好調が維持できません。入居者は気軽に新しいハウスに移動してしまい、経営に行き詰まるケースが多々あります。

また、シェアハウスの収益率は高くありません。短期入居が多く家賃収入が安定しないことと管理料が20％以上と高額なためです。中には高い収益を上げているハウスもありますが、その殆どはオーナーによる自主管理でコストを下げているからなのです。

ものごとにはメリットとデメリットがありますが、とかくメリットばかりに目が行ってデメリットが見過ごされます。皆さんはデメリットもきちんと調査してから決断することをおすすめします。

第2部　カモネギ太郎の戸建賃貸編

最近は不動産ブームにより、収益物件の値上がりが激しくなりました。

そのため、利回りの高い物件の購入が困難になっています。

そんな中、地方の古い戸建を格安で購入してリフォームを施し賃貸する手法が人気です。中には仲間と一緒にリフォームをすることで費用を節約し、高利回りを実現した例もあります。

この手法は少額資金でできるため、主婦の方でも気軽に始められ、ファミリー層がメインターゲットのために長期入居が多く経営が安定します。

カモネギ太郎さんはあるセミナーで戸建賃貸のことを知りました。そして、あまり深く考えずにチバラギ県にある古い戸建住宅を購入したのでした。

カモネギ太郎さんからの久々の電話

ある日、茂助さんはカモネギ太郎さんから久々に電話を受けました。

太郎　茂助さん、カモネギです。以前はお世話になりました。
茂助　おや久しぶりだねえ。あれから元気でやっているかい。
太郎　シェアハウスは既に売却しました。思ったより高い値段で売れました。

元々競売物件を格安で購入できたおかげで2年間の家賃収入を考えると殆ど損失はありませんでした。あのとき、いろいろアドバイスして下さってありがとうございます。

茂助　それは良かった。

太郎　ところで、僕、もっと良い投資方法を見つけたのです。

茂助　おやおや、また怪しげな物件じゃないだろうね。

太郎　違います。そんな怪しいのじゃありません。格安戸建賃貸です。

茂助　ああ、最近あちこちで良く聞くやり方だね。

太郎　田舎には安い中古の戸建が沢山あるんです。
それをセルフリフォームで再生すれば高い利回りで大儲けできますよ。

茂助　またまた、軽々しく飛びつくのだから。
事前にちゃんと調べてからにしたら。さもなければシェアハウスみたいに失敗するよ。

太郎　今度は絶対大丈夫です。茂助さん。
実は、あるセミナーでツッチーさんと言う方と知り合いになれたのです。坊主頭で怪しげな赤メガネをかけたおっかない感じのオジサンですが、めちゃくちゃリフォームに詳しい方です。

茂助　その人は私の知り合いだ。本名は槌田さん。

太郎　茂助さんはさすがよくご存知ですね。

茂助　昔、大家塾で知り合ったからねえ。

太郎　少し前にツッチーさんのリフォーム中の物件を見学しました。
ツッチーさんは経験豊富で、殆どの工事ができるのだそうです。
これから屋根の補修もやると言っていました。
そのツッチーさんが僕のセルフリフォームを手伝ってくれることになりました。物件もツッチーさんの紹介で買うことができました。僕、親父から借りたお金未だ返していません。そのお金をこの物件を買うのに使いました。

茂助　おいおい、いくら身内と言ってもきちんと返さなければだめじゃないか。
でも、ツッチーさんが指南してくれるなら安心だねえ。

ツッチーさんが入院　そして

そんな電話の後、1週間もしないうちに再びカモネギ太郎さんから電話が来ました。

太郎　茂助さん、大変です。ツッチーさんがリフォーム中に屋根から落ちて大けがをしました。

当分は病院から出られないそうです。

茂助　ええっ！　それは大変だ！　屋根から落ちたんじゃ。骨折したんじゃないかい？　見舞いに行かなくては。

太郎　僕、これからツッチーさんに教えてもらいながらセルフリォームを始めようと思ったのに残念です。

茂助　それじゃ、リフォーム業者に頼めば良いじゃないか。

太郎　僕、すでにいろんな道具を揃えて材料も発注しちゃったんです。今更返品もできないし、業者に頼んだら費用がかさんで儲かりません。そんなの絶対いやです。

茂助　そうかい。でも、経験もないのじゃセルフリフォームは無理だろう。

太郎　実は、昨日ツッチーさんを見舞いに行きました。
そうしたら、茂助さんに教えてもらうことを勧められました。
ツッチーさんから茂助さんはセルフリフォームが得意と聞きました。
そんなわけで茂助さん、是非お願いします。

茂助　私はツッチーさんほど経験もないし、できることは限られていて無理だよ。

太郎　でも、ツッチーさんからは茂助さんは器用で何でもできると言われました。

是非、お願いします。

茂助　うーん、それじゃ、塗装だけで良ければ教えてあげる。他の作業はＤＩＹの本を貸してあげるから、それを見てやったらどうかな。

太郎　ありがとうございます。宜しくお願いします。僕、こう見えても中学校時代、技術科は得意科目だったんです。だからすぐにできると思います。

そうして、茂助さんはカモネギさんのＤＩＹの指南をすることになったのでした。後で考えれば、このとき断っておけば良かったのですが、後の祭りです。

東チバラギ駅

ある日、２人はカモネギさんの物件の最寄り駅である東チバラギ駅で待ち合わせしました。

この駅は、都内の始発駅から距離的にはさほど遠くないのですが、

半分の電車は1つ手前のチバラギ駅止まりなので、この駅に停まる電車は30分に一本しかありません。

その上、チバラギ駅で車両切り離しのために10分も停車するので、始発駅からは2時間弱かかるのです。

茂助さんは始発駅で電車に乗り遅れ、30分待って次の電車に乗ったのでとっても遠く感じました。

駅の改札を出るとカモネギ太郎さんは迎えに来ていました。

彼は朝早くから現場で準備をしていて、待ち合わせ時間に合わせて駅まで来たのでした。

駅前には小規模な商店街がありますが、週末なのにシャッターが閉まっているお店が目立ちました。

商店街を通り抜けると畑ばかりの景色になりました。

カモネギ太郎さんの購入した物件は、駅から徒歩10分程の古くからある住宅地の中にありました。

ざっと見て、土地が約30坪ほど。家は築25年程度の木造2階建で、しっかりと手入れされた良い建物でした。

でも茂助さんは、ある重大な問題があることに気が付きました。

大きな問題発見

茂助　おや、想像していたより良い物件だね。こじんまりした家だけど結構状態が良いね。

でも、隣家が迫っているので、ちょっと暗いのが残念だね。

太郎　ありがとうございます。僕もこの家はなかなか程度が良く気に入りました。駅からも近いし掘り出し物です。

茂助　今度の家は傾いていないだろうね。

太郎　僕だって同じ失敗はしませんよ。ちゃんと調べました。

茂助　あれ、この家には駐車場はないの。これは大問題だ。

太郎　はい、ありません。でも、駅から歩いて10分と近いです、近所にスーパーもあるので車がなくても大丈夫です。

茂助　でも、地方ではいくら駅から近くても駐車場は絶対必要だよ。

東チバラギ駅って電車運転間隔が30分だよね。都心に通うには時間がかかる、ということは、地元の企業に勤める人がターゲットだ。そのような地域は車が必需品で、例え駅前でも駐車場がないとなかなか借り手が見つからないものなのだ。

太郎　そうなのですか。でも、何とかなると思います。

だって、この家に以前住んでいた人も車なしでしたから。

（実際には前の所有者は駐車場がないために売却したのでした）

そして、塗装をする予定の部屋に入りました。

この部屋は６畳の和室で、汚れた繊維壁が目に入ります。

畳はすでに撤去されていました。

太郎　とりあえず、この繊維壁をベージュ色に塗装したいと思っています。

やはり明るい部屋が良いですよね。

茂助　それでは、この部屋を一緒に塗ろうか。他の部屋はその後に自分で塗ってみるのだね。

太郎　はい、お願いします。

そこで、２人は作業を始めました。まずは柱の養生です。

マスキングテープを柱に貼るのですが、カモネギ太郎さんは慣れな

い作業のため、すぐに疲れてしまいました。

太郎　茂助さん、一休みしましょう。

茂助　おや、まだ始めたばかりじゃないか。

太郎　僕、普段運動しないので体を動かすのに慣れていないのです。
腰を曲げたり背を伸ばしたりなので疲れてしまいした。

茂助　そうか、それじゃ一休みだ。

近くの自動販売機から買ってきた缶コーヒーを飲んで一休み後、作業を再開しました。
作業を再開させてしばらくして、

太郎　茂助さん、マスキングテープを貼るって思ったより時間がかかるんですね。

茂助　そうだよ、塗装そのものはさほど時間がかからないけど、
マスキングテープ貼りのほうがよっぽど時間がかかるものなんだ。

太郎　そうですか、いろいろ面倒ですね。僕は早くペンキを塗りたいです。
面倒だからマスキングテープ貼るのは止めましょう。境目は注意して塗れば大丈夫ですよ。

茂助　それは絶対ダメ。

太郎　残念だなあ。

名物チバラギラーメンの秘密

マスキングテープを貼り終わったところで、駅前の商店街にあるラーメン屋で昼食を取りました。シャッター通りの外れにある寂れたお店で、店内では店主が暇そうにテレビを見ていました。2人の他にはお客さんはいませんでした。

とりあえず、名物チバラギラーメンを注文しました。

やがて出てきたラーメンは、普通の中華そばに大きな卵焼きが載っていて、見た目は天津麺のようです。食べてみると卵焼きの中には納豆と刻んだ落花生が入っていました。

名物に美味いものなしという言葉がありますが、全くその通りの味でした。ラーメンを食べ終わった頃、店主が話かけて来ました。

店主　どうですか、チバラギラーメンの味は？

茂助　なかなか美味しいです（おせじ）。

店主　いやー、美味しいと言ってくれて嬉しいです。

今回、町おこしのためにこのラーメンを考えたのです。

何とか、このラーメンで街が活性化できると嬉しいです。

私は昨日、この店の前に行列ができる夢を見たんです。これが正夢ならなあ。

茂助　そうだったのですか。でも、行列を目指すなら更に一工夫欲しいですね。
例えば、チバラギ豚のチャーシューを載せるとか、アサリを入れるとか。

しばらくラーメン談義が続いた後、茂助はこの辺りの賃貸事情を聴いてみました。

それによると、首都圏へ通勤するにはチバラギ駅が限界なので、この近辺は地元の企業に勤める人の需要が中心。地価が坪当たり3～5万円程度と安いので、アパートを借りるより持ち家を建てる人が多い。以前は近辺の工業団地に勤める派遣社員向けのアパートが盛況だったが、リーマンショックを機に工場の撤退が相次ぎ今では空室だらけとのことでした。

果たして本当に、こんな場所で入居者が見つかるのか？

茂助さんは心配になりました。

昼食後、作業を再開しました。

太郎　茂助さん、この白い塗料はなんでしょうか。
僕はベージュ色に塗りたいので、これ要らないと思います。

茂助　これはプライマーといって塗料が良く付着するように塗っているのだよ。

しばらくして、

太郎　僕、段々面倒になってきました。僕は今日1日で、全部の部屋の壁を塗り終えると思っていた。けど、この調子じゃ1日でこの部屋を塗るのがやっとですね。

作業を始めて1日も経たないうちに、カモネギ太郎さんは投げ出しそうになっています。果たしてセルフリフォームを無事にやり遂げることができるのでしょうか。

茂助　塗装なんてそんなもんだよ。この家全体の壁を塗装するには4日くらい必要だねえ。

太郎　僕、サラリーマンなので土日しか作業できません。そうすると壁を塗るだけで半月かかるのですね。辞めたくなりました。

茂助　そうは言っても自分から言い出したことじゃないか。ペンキも既に買い込んだことだし、折角始めたのだから最

後までやり通しなさい。

太郎　はあい。

茂助　ツッチーさんだってサラリーマン時代は毎晩物件に通って塗装していたのだよ。寝袋を持ち込んで、物件に泊まり込んで会社に通ったのだ。

太郎　そうですか。すごいですね。

そんな会話をしながら、何とか夕方には1部屋塗り終わることができました。

茂助　さあ、これで一通り手順はわかったね。残りの部屋は明日から自分でやってみなさい。

太郎　はい、大丈夫です。頑張ります。

茂助さんはちょっと心配でした。

カモネギ太郎さんの塗装は良く言えばワイルド、悪く言えば雑です。

今は暗くなってわからないけど、昼はきっと色むらが目立ちそうなのです。

でも、そこまできれいに仕上げてあげる義務はないし、きっと彼も気づいて塗り直すことを期待して帰宅しました。

ペンキの色が違う？

翌日、カモネギ太郎さんから電話がありました。

どうやら順調に作業が進んだとの話だったので茂助は安心しました。

ところが、良いことは長く続かないものです。

それから２週間後の日曜日、再びカモネギ太郎さんから電話がありました。

太郎　大変です。大失敗です！　助けてください。

茂助　え、どうしたの？

太郎　今日の作業中に間違って塗料の缶を蹴飛ばしてしまいました。それで塗料が足りなくなってしまいました。

　そこで、近くのホームセンターに買いに行きましたが、同じ製品がありませんでした。それで別のメーカーの同じ色の塗料を買いました。ところが塗ってみたら色が違うのです。

同じ色のはずなのに、これって欠陥商品じゃないですか。

茂助　そうかい、実は塗料というのはメーカーによって微妙に色が違うものなのだよ。

太郎　そうなのですね。知りませんでした。

それと、昨日貼ったマスキングテープを剥がし忘れました。

さっきそれに気が付いて剥がそうとしたのだけど、一部どうしても剥がれない部分が出ました。それをナイフで無理やり剥がしたら、塗料まで一緒に剥がれてしまいました。

せっかく塗ったのに大失敗です。

えーん。えーん。

茂助　これこれ、泣くな。ＤＩＹでは良くある失敗だから、気にしないことだね。

なに、失敗したって塗り直せば良いのだからもっと気軽に考えなさい。

でも、それじゃなかなか終わらないだろう。

可哀そうだから明日手伝いに行ってあげるよ（あーあ）。

太郎　ありがとうございます。よろしくお願いします。

お礼に名物チバラギラーメンデラックスを大盛りでご馳走します。

茂助　あのラーメンは遠慮するよ。

結局助っ人に

そんなわけで茂助は翌日、東チバラギ駅まで行くことになってしまいました。

２人かかりでも塗装する面積が大きいので、結局塗り終わるまで３日間かかりました。全部の壁を塗り終えると室内は見違えるほどきれいになりました。

さて、ここで茂助の約束した作業はおしまいです。

これから先はカモネギ太郎さんが１人で作業します。

次はリビングの古いフローリングの上にクッションフロアを上張りする作業です。

本当はフローリングのほうが良いのですが、コスト優先のためにクッションフロアにしました。

その後は、キッチンの交換をするそうです。

こちらはカモネギ太郎さんが１人で作業できると自信ありげに言っています。

今までの経緯があるので心配でしたが、自分もやったことがないので手伝えません。

翌週になって、またカモネギ太郎さんから電話が入りました。

太郎　茂助さん、今回はうまくできました。一度見に来てください。

自分で工事できたことがよっぽど嬉しかったのでしょう。
茂助さんは早速東チバラギ駅まで見に行きました。

カモネギ太郎さんのＤＩＹの出来栄えは？

なるほど、クッションフロアは上手に貼られていました。隅の部分に雑な仕上げがあるけどカモネギさんにしてみれば上出来です。ところが、キッチンを見ると何故かおかしいのです。よく見ると…。

茂助　あれれ、蛇口と流しの位置が逆だね。
　これじゃ水を出したら天板の上に流れちゃう。それと蛇口にホースが継ぎ足してあるけど、一体どうしたの。

太郎　実は発注の際に型番を間違えてしまいました。
　型番の末尾にＲがついているのが正しいのですが、うっかりしてＬが付いたのを発注したのです。取り付け中

　　　　は夢中だったので気が付きませんでしたが、後で蛇口を開けたときに水浸しになったので気が付きました。

　　　　とりあえず、応急処置で水栓にホースを継ぎ足しておきました。でも、この状態もなかなか良いじゃないかと思います。

茂助　ちっともよくないよ。これじゃ使い物にならないね。交換しなさい。

太郎　やっぱりそうですか。でも、勿体ないなあ。

　　　　茂助さん、このキッチン買いませんか？　安くしておきます。

茂助　あいにくうちは間に合っているよ。

太郎　そうか残念だなあ。

茂助　ところで、この後はどんな工事をするの？

太郎　和室を洋室に替えるのです。まずは、フローリングを貼ります。

茂助　今度はフローリングかい、それは結構難しい工事だね。

　　　　カモネギさん、やっぱりいきなり自分でやるのは大変だよ。

　　　　ここから先は業者に頼んだほうが良いと思うよ。

太郎　うーん、そうかもしれませんね。（段々弱気になっている）

　　　　このままだといつ終わるかわからないし、毎週休みを潰すのも大変だし。

　　　　（自分に言い聞かせるように）でも、折角ここまでやったのだから頑張ります。

太郎さんに彼女ができた

その後、1週間程してカモネギ太郎さんから電話が入りました。

太郎　茂助さん、彼女ができました。僕好みの女性です。
　先週の合コンで知り合ったばかりですが、未だ25歳と若くて可愛い子です。
　名前は内木静可（うちきしずか）さんと言って、名前の通り清楚なイメージなのです。

茂助　どうせ翌日のメールでお断りじゃないかい？

太郎　今回は違います。もう二回会っているし、何と言っても彼女は不動産投資に興味があるのです。
　競売の話も食い入るように聞いていてくれますし、話していてもとっても楽しいのです。

茂助　今時の女の子にしては珍しいね。最近はサラリーマン大家さんが増えているからその影響かな。

太郎　そんなわけで、これからはデートに忙しくなるのでセルフリフォームのペースが落ちると思います。

茂助　そうか、建物は逃げて行かないからマイペースでやることだね。

この彼女がこれからひと波乱起こすのですが、そのときはそんなことを知る由もありませんでした。

驚きの方針変更

1週間経った頃、再度の電話がありました。

太郎　茂助さん、僕やっぱりセルフリフォーム止めます。

茂助　あんなに張り切っていたのにどうして止めるの？

太郎　実は、セルフリフォームよりもっと良い方法を考えたのです。

茂助　どんな方法なの？

太郎　あの家をデザイナーズハウスにリフォームして高い家賃で貸すようにしたいのです。

茂助　ええ！　あんな田舎でデザイナーズハウスかい？

太郎　実は、これは静可ちゃんのアイデアなのです。

先週、彼女を連れてリフォーム中の家に行ったときにそういうのです。

最初は僕もびっくりしたのですが、聞いているうちに共感しました。

静可ちゃんはバリ島が好きで、デートの度にバリ島の話を聞かせてくれるのです。僕はバリ島に行ったことはありませんが、こうやっていつも話を聞いているとすっかり行ったことがあるように感じるようになりました。

あの家は少し日当たりが悪いのですが、それがバリ島のイメージに合っているのだそうです。

若い女性の間ではバリ島はすごく人気があるそうです。

静可ちゃんは田舎でもバリ島の好きな女の子は沢山いるので絶対大丈夫だと言っています。

太郎　そこで、この家をバリ島のイメージでデザインしたいと思います。

最近は、休日になると彼女と一緒にインテリアショップ巡りをしながら、あの家のインテリアデザインを考えます。今度はインテリアデザイナー・カモネギ太郎としてのセンスを発揮します。

茂助　そうかい。でも、それだとリフォーム費用がかなりかかるんじゃないかい？　それだと当初見込んでいた利回りは下がって収益が悪化するんじゃないかい？

太郎　大丈夫です、茂助さん。デザイナーズにすることで高い家賃が取れますから。

茂助　うーん、私は田舎じゃデザイナーズ物件は難しいと思うけどねえ。戸建賃貸のターゲットはファミリー層だから、おしゃれで家賃が高い物件より、普通の仕様でも家賃が安い物件を優先

　して選ぶと思うよ。まあカモネギさんの物件だから自分の納得いくようにすると良いね。
　それじゃ、懇意にしている第九工務店（だいくこうむてん）を紹介するよ。

太郎　そうですか。さすが茂助さんですね。いろいろな業者をご存じなんですね。それじゃ是非お願いします。

第九工務店からの電話

　茂助は何となく嫌な予感を感じました。
　1か月後、第九工務店から電話が来ました。

第九　もしもし茂助さん、第九です。この度はカモネギさんを紹介していただきありがとうございました。

茂助　いえ、どういたしまして。

第九　でも、ちょっと困ったことがありましてお電話しました。
　実は、打ち合わせした後、ちょくちょく工事内容を変更されるのです。こちらは折角材料を発注した直後なので、二度手間になっ

てしまいます。本人はデザイナー気取りで、いろいろアイデアを出して来ますが、こう言っちゃ何ですが素人の思いつき程度のレベルです。

茂助　そうですか。困ったものだね。それじゃちょっとカモネギさんに電話で伝えておくよ。

早速、カモネギ太郎さんに電話します。

茂助　カモネギ太郎さん、最近の状況はどうかね。

太郎　あ、茂助さん。とっても順調です。静可ちゃんと一緒にアイデアを出していますが、最初の案からどんどん進化しています。僕らって天才かもと思うことがあります。

茂助　第九工務店から「カモネギさんからの変更が多くて困っている」との話があるけど。

太郎　え、そうですか。いつも気持ちよくお返事いただいているので、困っているなんて知りませんでした。でも、これは良いものをつくるために必要なのです。いわば産みの苦しみです。そこを理解して貰いたいなあ。

（いつのまにかカモネギ太郎さんは芸術家気取りになっています）

茂助　まあ第九さんの迷惑になるから、材料を発注してからの変更は避けてくださいね。

太郎　はーい、わかりました。

うわさの静可ちゃんと初対面

やがて、リフォームが完成したので見に来てくださいという連絡が来ました。

茂助さんはその週末に東チバラギ駅まで出かけました。

カモネギ太郎さんは彼女と一緒に物件前で待っていました。

初めて会う彼女を見てびっくりしました。想像したより若く、清楚なお嬢さんという感じで、静可という名前がぴったりと思われました。

挨拶を済まして少し話をしましたが、そこでまたびっくり。

茂助　初めまして。茂助と申します。

静可　アーラ、あなたが茂助さんですか。いつも太郎さんからお話を聞いています。
　今回はいろいろ手伝ってくれてありがとうございます。
　太郎さんがセルフリフォームなんてメンドイことをやっていたので、私がいろいろ知恵を出してデザイナーズハウスに再生したんです。私にとって初めての作品ですが、じっくりとみてくださいね。

話し始めるととってもお喋りです。

カモネギ太郎さんと同じように話を始めたら「やめられない、とまらない」タイプで、名前から来る印象とは大違いです。

静可ではなくて、賑やかという名前のほうが合っています。

それにしてもカモネギ太郎さんのお株を奪って、自分がオーナーになった言い方をしているのが気になりました。

その脇でにこにこ笑って聞いているカモネギ太郎さんはすっかり静可ちゃんの言いなりになっている印象でした。

そして、会場には彼女の友達が一緒に来ていました。

空室増代（あきむろますよ）、赤字多恵子（あかあざたえこ）、不渡溜（ふわたりとめ）の3人です。

大家にとっては縁起の悪い名前ばかりですが、多分偶然でしょう。

皆さん、バリ島愛好家のグループで知り合ったそうです。

驚きのバリ部屋は

早速、物件お披露目です。

見慣れた玄関を開けると怪しげなお面が壁に掛っていました。

茂助さんは思わず後ずさりしました。

茂助　わー！　びっくりした。何だいこれは？

静可　バリ島のガムランの踊りに使うお面です。バロンといいます。

昔、バリ島で見たガムランの中で大活躍していたんです。

この愛くるしい目につい、うっとりしたのよ。ねえ、茂助さん可愛いでしょう。

茂助　私の感覚からすると可愛さとはかけ離れているけどなあ。

3人　あーら、とっても可愛いじゃないですか。

この牙の生え方なんか正にガムランそのものだし（意味不明）

他の2人も口々にかっわーいぃと言っています。

茂助さんもそう言われると、このお面も何となく可愛く見えてきました。

玄関を抜けてリビングに入ります。

茂助　リビング、なんだか暗いなあ。このエスニック調の壁紙の色のせいだね。

それと、この竹のすだれが日を遮っているので、ますます暗く感じるなあ。

静可　あら、間接照明だから暗めになるのよ。でも、この暗さが神秘的な感じを醸しだしているのよ。昔、バリのホテルに泊まったときのイメージを再現したかったの。あの日、バリの大きな夕日がこの部屋に入り、神秘的なものを感じたのよ。

茂助　この近辺じゃ、どうみても三丁目の夕陽だよねえ。

静可　皆、このリビングどう思う?

3人　かっわいいー。

茂助　そうかなあ。

その後、この3人は何を見ても「かっわいいー」ばかり。
この子たちは「かっわいいー」しか言えないのだろうか?
以前一緒にペンキを塗った部屋に入ります。
白く塗ったはずの柱はチョコレート色に変わっていました。

静可　この柱の色って良いでしょう。この色を決めるのにスゴーク時間がかかったの。
太郎さんとペンキ屋さんに行って、いろいろ配合してもらってやっと決まったのよ。
太郎　そうなのですよ。えへへ。
茂助　でも暗い部屋がますます暗くなってしまったねえ。

多分、バリ島が好きな人には心地良い空間かもしれませんが、一般の人にはなじめないのでは？　茂助さんにはそう感じました。

その後、皆で隣のチバラギ駅に移動してカフェでお茶を飲みました。

そのときの話題の中心はバリ島イメージの家でした。

3人の友達からは自分もこんな家に住みたいと言われ、カモネギ太郎さんも満更ではありません。

茂助さんは今回のリフォーム結果を見て心配でしたが、この盛り上がりを見ていると「もしかして人気物件になる

かも」と言う気がしてきました。

翌日、カモネギ太郎さんからお礼の電話がありました。

そこで、茂助さんは気になっていた募集のことを聞いてみました。

募集戦略

茂助　募集はどこに頼んだの。

太郎　駅前にある横縞（よこしま）不動産です。

茂助　なんだか腹黒い名前だねえ。

太郎　そんなことありません。

　実は、あのラーメン屋の店主が紹介してくれたのです。

　社長の横縞金之助さんは地元の名士とのことでした。静可ちゃんと相談したら、地元の名士だからきっと大丈夫と言うので契約しました。

茂助　そうなのか。募集を依頼する業者選びは慎重にすることが鉄則だから、きちんと調べないといけないよ。

太郎　大丈夫ですよ。静可ちゃんが選んだのだから。

茂助　（自分の頭で考えてないなあ、これじゃ危ない）

太郎　ただ、僕の設定した家賃が高いと言われました。現在8万円で募集をお願いしていますが、横縞不動産からは6万円が妥当と言われました。

でも、この家はデザイナーズ物件だからきっと決まります。

地方にだってデザイナー物件を好きな女の子は沢山いるので大丈夫と言って押し切りました。それに、セルフリフォームを断念したために費用がかさんでしまったし。

茂助　そうか、その家賃で決まると良いねえ。

（心の中で「なんちゃってデザイナーのくせに」と思っていましたが）

そして2か月が過ぎました

カモネギ太郎さんからは連絡がありません。

茂助さんはちょっと様子が知りたくなって電話をかけてみました。

茂助　どうだい調子は？

太郎　張り切って募集したのですが、反応が少なくて困っています。

最初の2か月は全く問い合わせがありませんでした。

毎週横縞不動産に電話するのですが、社長はいつも留守です。社長はいつも地域の顔役として冠婚葬祭で忙しいのだそうです。小学校の運動会とか、地域の集まりとか、お祭りに出かけてばかりです。留守を預かる専務（社長の奥さん）に状況を聞いているのですが、詳しいことは何もわかりません。

いつも「頑張ります」だけしか言いません。でも、一体本当に頑張っているのでしょうか。

よくよく聞いてみると、この不動産屋ホームページを持っていません。そう言えば店にはパソコンもありませんでした。ポータルサイトに掲載するようにお願いしましたが、掲載してくれません。どうやら未だ掲載した経験がないようなので、どうしてよいかわからないのでは？

茂助　それはひどい。今時パソコンのない店なんて考えられない。

（とは言っても、首都圏でさえそんなお店は実在します）

カモネギ太郎さんの話を聞くと、地方の老舗不動産屋によくあるパターンだね。

昔から地域に密着して営業している不動産屋のおやじさんは、地域の顔役として活動していることが多い。普段は地域のイベントやら冠婚葬祭に関わっている。

一見暇そうにしているけど、そこから不動産取引の話が来るんだ。
例えば、葬式があれば、その後に相続のための不動産売買が発生する。
結婚式があれば、当然新居が必要になる。そんな風に自然と仕事が飛び込んでくるので、こぢんまりとやっている限り食うのには困らないのだよ。

太郎　なるほど。

茂助　反面、地域外からの客付けはとっても弱い。
だから、今回のように地元以外からのお客さんを見つけるのは苦手なのだよね。
それと、そんな人は高齢でパソコンなんて使えない。だからポータルサイトなんて見たこともない人も沢山いるのだ。

太郎　そうですか。不動産屋選びって難しいですね。それじゃ募集を他にお願いしたほうが良いですね。静可ちゃんと相談します。
でも、この近辺の良い業者をどうやって探すのでしょうか。

茂助　確かに土地勘のないところで良い業者を探すのは大切だね。
自分の足で近隣の不動産屋を訪問して開拓するしかないなあ。

茂助さんはカモネギ太郎さんからの電話を切った後、なにやらあちこちに電話をし始めました。
一体どこに電話したのでしょうか。

手さぐりの空室対策

それから更に2週間後。

太郎　茂助さん、先日はありがとうございました。

茂助さんの大家仲間である黄金倉子（おうごんそうこ）さんの紹介で、良い業者に巡り合うことができました。

茂助　そうかい、それは良かった。

黄金さんはあの付近に賃貸マンションを沢山持っているから、きっと良い業者を知っていると思って、電話してみたのだが、親切にも信頼のおけるお店を直接カモネギさんに伝えたのだね。

太郎　先日、お会いして一緒に不動産屋さんまで連れて行っていただきました。黄金さんって美人ですね。

茂助　そうだよ、大家仲間では評判の美人だからね。

太郎　でも、空室が発生すると元気がなくなるので外出しないそうです。黄金さんはだから満室にこだわっているとのことです。

茂助　そうか、それだから空室が出るとなかなか会えなくなるわけがわかった。

ホースメイトに変更

茂助　ところで、今度はどこの不動産屋さんかい？
太郎　今度は少し東京寄りのチバラギ競馬場前駅にあるホースメイトです。
黄金さんはここのお店の客付け能力は抜群だと言っていました。
それと言うのも女性店長である谷口直子さんの行動力があるからだそうです。先日お店に伺いましたが、美人だしとっても的確な指摘もされて頼りになります。
太郎　ただ、やはりこの家賃では決まらないと言われたので、家賃を1万円下げました。そうしたらすぐに内見がありました。
茂助　それは良かったね。
太郎　それが良くありません。見事に断られました。
茂助　えっ、なんで？

太郎　僕は仕事で立ち会えなかったので、ホースメイトからの報告を受けました。
それによると、内見者は小さいお子さんがいるファミリーだったのですが、玄関を開けるなり子供が泣き出したそうです。あのバロンのお面が怖いとのことでした。あんな可愛らしいお面を怖いなんて変わったガキですね。リビングに入ったら、暗くてお化けが出そうだとまた泣いたそうです。
奥さんも薄気味悪い家だと言って、逃げるようにして帰ったそうです。

太郎　その後はファミリーからの問い合わせが時折あるのですが、いずれも駐車場がないので断られています。
あの地方では、バリ島テイストの好きな女の子はいないのかなあ。

茂助　おいおい、8万円もの家賃を払える人はあんな家には住まないよ。
そんな人は駅前のセキュリティの充実した新築マンションに住むよ。

太郎　(泣きそうな声で)そうかも知れませんね。
でも、もう少し頑張ります。

太郎、静可ちゃんに振られる

それから更に2か月経過して、今度はカモネギ太郎さんから電話が来ました。

太郎　茂助さん！　僕、静可ちゃんに振られました。

茂助　おやおや、以前はあんなに仲が良かったのにねえ。

太郎　実は入居者が決まらないのが原因です。

先日、デートのときに、ふと「バリ島のイメージが良くないのかなあ」と僕が言ったら、彼女が激しく怒り出し、バリ島の悪口は許さないと言うのです。

それがきっかけでしばらく言い争いになったのです。

その翌日、彼女からお別れのメールが来て終わりになりました。

茂助　そうだったのか。残念だったね。

太郎　今考えると、僕は彼女に振り回されていたのですね。目が覚めました。

今からでも遅くありません。何とか入居者を見つけたいと思います。

茂助　そうかい、頑張ってね。

太郎　そこで、茂助さんの助けが必要です。

あれ以来内見者は1人も来ないのです。何とかして空室を埋めたいのですが、どうしてよいかわかりません。茂助さんの言う通りに対策を打ちますから、何とかしてください。
少しくらい追加費用をかけても良いと思っています。

茂助　わかった。今度の週末に一緒に現場に行って考えよう。

そして、週末になって茂助とカモネギ太郎さんは物件で落ち合い、決まらない原因について話し合い、ある対策を打つことにしました。

いよいよ茂助さんの出番

そして週末、現場に着いた茂助さんはカモネギ太郎さんに現状の問題点を分析して説明します。

茂助　太郎さんの場合は、セルフリフォームを甘く見たのがいけなかったね。
サラリーマンは週末しか時間が取れないから、セルフリフォームは工事期間が長くなる。
その間、家賃収入はゼロだからトータルで考えると業者に頼んだほうが安上がりになることも多いのだ。

それから、地方ではデザイナー物件なんて借り手がいない。

特に戸建の場合は借り手の中心はファミリーだね。

ファミリーの場合、おしゃれな内装より家賃の安い物件を優先するのだよ。そして地方の場合、例え駅から近くても駐車場は必須なのだよ。できれば車が2台置けると競争力がある。

駐車場がない場合は庭を潰したり、木を切ったりして駐車場を確保する。

それができなければ、近隣の駐車場を借り上げる対策が必要だ。

太郎　茂助さん、なんでそんな大事なことを最初に教えてくれなかったのですか。

茂助　最初に言ったじゃないか。でも、そのときは彼女に夢中で聞き流していたねえ。

太郎　そうでしたね。えへへ（笑ってごまかしている）。

茂助　こうやってまで入居者が決まらなかった原因がわかれば、対策を打つのは簡単だろう？

太郎　そうですね、それじゃこんな案はいかがでしょうか。

それから2人で、いろいろと対策を検討し始めました。

それから3か月経過して、ようやく入居者が決まりました。

ホースメイトの谷口直子さんにも協力をお願いして、いろいろな対策を打った結果です。

最初は家賃を6万円に値下げ、次にバリ島テイストのインテリアを全部撤去。

エスニック調の壁紙は全部明るい色に貼り換えました。

また、照明は全部照度の高い直接照明に交換しました。

それでも苦戦したので、隣にある月ぎめ駐車場を借りることにしました。

その結果、やっと内見者が現れ、契約することができました。

入居者は近くの工場に勤めるファミリーで、季節外れの人事異動で転勤して来た方でした。

小学校が近くにあるのが決め手になったそうです。これで、無事入居者も決まりました。

ところがカモネギ太郎さんはなぜか浮かない顔をしています。

満室になったものの

茂助　良かったね。入居者が決まって。

太郎　はい、ありがとうございます。

でも、これじゃちっとも儲からないです。

家を３００万円で購入したけど、バリ島テイストのリフォーム費用が結局３００万円かかったのです。彼女の言いなりで予算を度外視してしまったのが原因です。

そんなことがあったので、総額が６００万円になってしまいました。

家賃収入が年間72万円なので想定利回り20％が12％に下がりました。

茂助　表面利回り12％なら良い数字だよ。

太郎　でも、家賃収入が少ないので、手元に残るのは年間18万円しかありません。

月額たった1万5千円です。

リフォーム費用のローン返済の30万／年と、駐車場代が4万円／年がなければ良かったのに。

ツッチーさんは表面利回り20％以上期待できるから良い物件だと言っていましたが、家賃が安いから予算オーバーすると儲からないですね。

太郎　今は父親から借りたお金は未だ返済していませんが、これを返済するとなると赤字です。

実は先日父から再就職先を来年で辞めると聞いたので、いつ返せと言われるかひやひやしています。

茂助　利回りの数字だけ見るとそんな結果になるのだよ。

実際のキャッシュフローも考えなければいけないね。

ツッチーさんも最初はリフォーム費用をかけ過ぎて失敗したのだ。

でも、その後その失敗を糧にしてセルフリフォームの腕を上げたんだ。

そして何棟も増やすことで収益を向上させてきたのだ。

太郎　そうだったのですね。最初から皆うまくいくわけじゃないんですね。

茂助　でも、戸建は一般のお客さんに売却できるから極端な安値にはならないよ。

この経験を次に活かせば良いじゃないか。

太郎　そうですね。あはは。

こうしてカモネギ太郎さんは無事戸建賃貸のオーナーになりました。

前回のシェアハウス、今回の戸建賃貸といろいろな体験をしたので経験値も上がりました。

きっと、次の機会にはもっとうまく行くことでしょう（多分）。

戸建賃貸の光と影

最近は地方の戸建を格安で購入して、リフォーム後に賃貸する手法が注目されています。

初期費用がさほど掛からず、利回りが高いのがメリットです。

反面、家賃収入が安いため、一旦退去が発生すると原状回復費用や空室ロスが発生し赤字に陥る可能性があります。また、売却するときは更地評価のため売却益は期待できません。

また、地方は車が必需品であることを考慮せずに、駐車場のない物件を購入して入居付けに苦戦する投資家も多くいます。

やはり戸建に限らず、物件購入の際はその地域の市場をしっかりと調査することをおすすめします。

第3部　カモネギ花子の不動産投資大作戦

—今さら聞けない基礎知識

【カモネギ花子の不動産投資大作戦　初級編】

カモネギ太郎さんからの電話

戸建賃貸に入居者が決まってから1年後のある日、茂助さんはカモネギ太郎さんから電話を受けました。

太郎　もしもし、茂助さんですか。僕カモネギ太郎です。ご無沙汰しています。

茂助　おお！　太郎さんかい。久しぶりだねえ。丁度1年ぶりかなあ。その後戸建賃貸の状況はどうだい？

太郎　おかげさまで退去も滞納もなく順調です。

茂助　それは良かったね。

太郎　僕、相談したいことがあって電話しました。実は僕には花子と言う妹がいますが、最近不動産投資に興味を持ち始めました

でも、未だ何も知識がないので茂助さんからいろいろ教えていただきたいのです。

茂助　えっ、太郎君には妹がいたのか。それだったら自分で教えたら良いのに。

太郎　そうしたいのですが、今、婚活に忙しいのです

茂助　えっ？　婚活！

太郎　僕の同僚が赴任先の東北地方で地元の大地主の一人娘と結婚しました。今や彼は、義理の父からアパートを貰い大家さんになりました。将来は大地主になるのを約束されたようなものです。

その話を聞いて、僕もそんな地主の娘さんと結婚できれば一生安泰だなあと思いました。

今はそんな条件の相手を探しているのです。休みにはあちこちのお見合いイベントや合コンに出かけています。だから、とても花子に教える時間なんてありません。

でも、僕の大事な妹が何も知識のないまま、悪徳不動産屋の餌食になるのは困ります。だから、茂助さんからいろいろ教えて貰いたいのです。

茂助　やれやれ太郎さんお得意の丸投げかい。

太郎　そんなこと言わないでください。お礼に食事でもごちそうしますから。

茂助　そうかい、太郎さんとは長い付き合いだから良いか。

豪華なすきやきってこれかい？
さあ、遠慮なく食べてください 大盛りですよ
株主優待券利用だけど
牛なべ御膳 並 650円 大 750円
牛ドン 並 350円 大 400円
牛

代わりにすき焼きでもごちそうしてくれればいいよ。

太郎　ありがとうございます。早速これから花子と相談して、都合の良い日を連絡しますね。

そうして、カモネギ太郎さんの妹である花子さんと1週間後に会うことになりました。

やがてその日が来ました。茂助さんは待ち合わせ場所であるカフェに向かいました。

カモネギ花子登場

カフェに入ると、花子さんは既にお店に入って待っていました。

赤いジャージを着ていると事前に連絡があったので、すぐわかりました。

茂助　初めまして茂助です。

花子　初めまして、カモネギ花子です。ウチのアニキがいつもお世話になっています。

花子　不動産投資を始めたいんですが、何も知らないのでいろいろ教えてください。

茂助　花子さんはどうして不動産投資を始めたいと思ったの。

花子　今の仕事ってきついし、お給料が安く、その上に上司が横柄なの。だから、不動産投資で大儲けして早くセミリタイアしたいの。セミリタイアしたら海外旅行をしたり、美味しいものを食べ歩いたり、自由な生活が待っているわ。
マネー雑誌では不動産投資で成功している人が一杯紹介されているじゃありませんか。皆な楽々と何棟もマンションを持って優雅に暮らしていますよねえ。最近は、主婦でも不動産投資で成功する人も沢山出ているんだから、花子だってきっとうまくできます。

茂助　すごい自信だね。でもちょっと考えが甘いなあ。不動産投資ってそんなに簡単に儲けられるものじゃないよ。

花子　大丈夫です。ウチのアニキでさえできるのですから。

茂助　（心の中で）まさに文字通りカモネギ状態だ。

花子さんが持ってきた高利回り物件チラシとは？

コーヒーを飲み、話が一段落すると、花子さんはバッグから一枚の募集チラシを出しました。
そして、茂助さんに得意気に見せました。

花子　茂助さん、不動産投資マッチングサイトで素晴らしい物件を見つけたんだけど。

これってどう？

物件名はアダモ星空。相模原鉄道の星空駅下車よ。今時、横浜で12％なんて利回りの高い物件って殆どないので買い得かと思うわ。

これを買えば私も不労所得が入って楽々セミリタイアできる！　ほんでもって、あの意地悪な課長の下で働かなくて済むわ。

辞めるときにはあの課長のハゲ頭を思いっきり叩いてみたい！

茂助　おいおい、穏やかじゃないねえ。どれどれチラシを見せて。

花子　これなの。

茂助　（茂助さんは花子さんの持参したチラシを眺めながら）あれ、この物件見覚えがあるなあ。確か以前に知り合いの大家さんが検討し

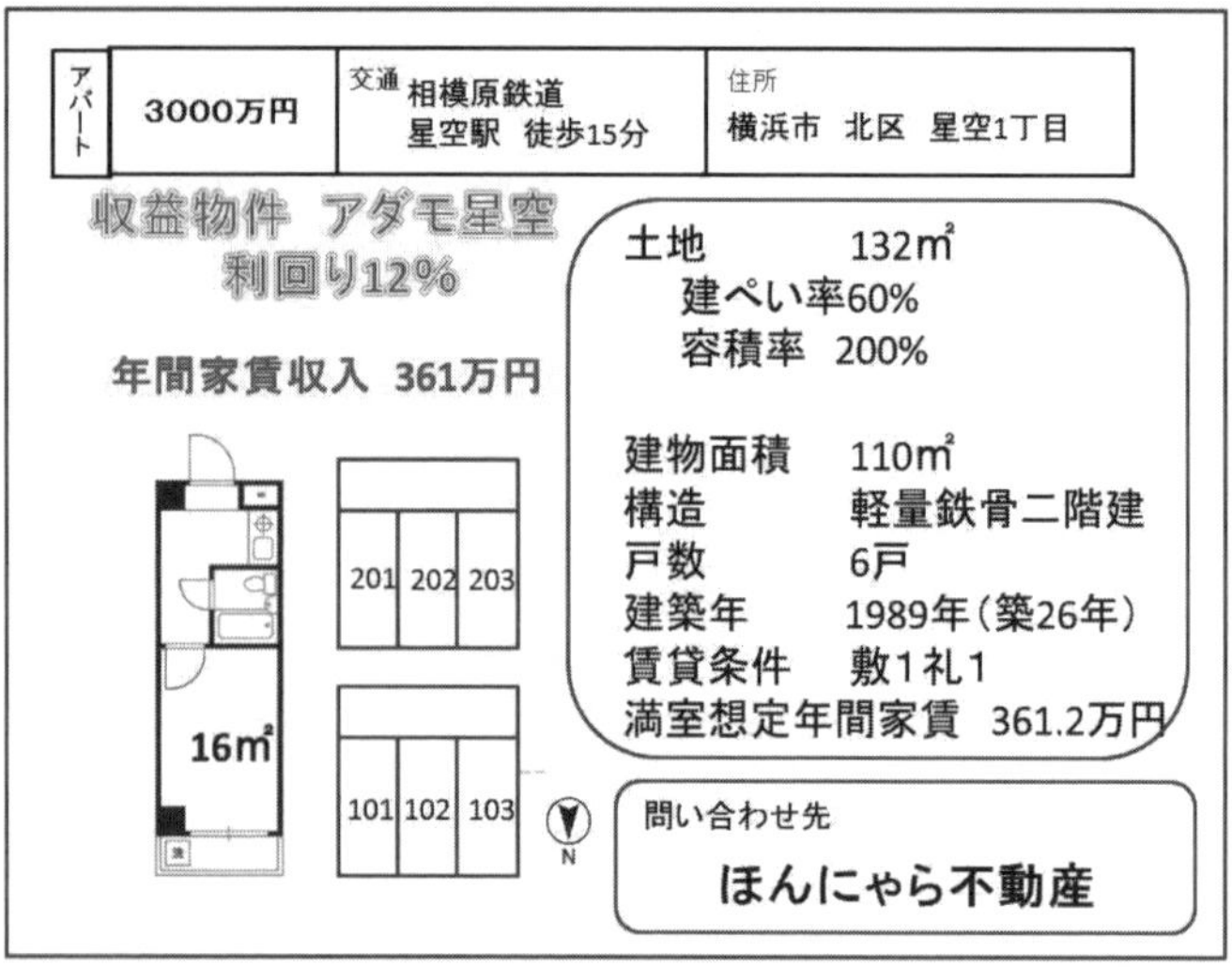

ていた物件だね。あれからまだ半年も売れ残っているのだなあ。

花子　茂助さん、それ本当？　こんな良い物件なのにどうして売れ残ったんでしょうね。
そうだ！　きっとこれは私が買ってあげる運命になっているんだ。

茂助　まあまあ慌てないで。そういう場合はそれなりの理由があって売れ残っていると思うよ。

でも、この物件の良し悪しを判断するためにはそれなりの知識が必要だね。

花子さんは不動産投資初心者だから、まずは基礎的な知識を身に付けることだね。

物件を早く買いたい気持ちはわかるけど、このチラシの読み方から学ぶ必要があるね。

花子　チラシなんて見るだけでわかるから、それで十分じゃないの？　花子メンドイのは嫌いなの。

茂助　多くの不動産投資初心者がそんな風に言って、まともに勉強しないのだ。

そんな人は簡単に業者の言われるままに儲けの出ない物件を買わされて、後悔しているのだよ。

太郎君も花子さんの性格を知っているから私に依頼したのだと思うよ。

まずは、しっかりと基礎知識を身に付けなさい。

花子　（ちょっと不満そうに）　はあい。

花子さんは、いきなり茂助さんから叱られてしまいました。

でも、しぶしぶながらでも基礎から勉強する気持ちになったのは大進歩です。

チラシの読み方

茂助　それでは本当の基礎から教えるからね。しっかりと勉強してね。
まず、チラシを読む際に気を付けなければならない２つのことを説明するね。
１つ目は物件価格の他に費用がかかること。
２つ目は家賃収入は保証されたものではないこと。
だから、チラシの情報だけで判断できないのだよ。

花子　へー、そうなんですか。

茂助　まず、チラシに記載されている物件価格だけでは買えない。他に購入時諸費用と場合によりリフォーム費用が必要だ。
次に、チラシに記載されている家賃は満室想定家賃であること。この家賃は空室があってもそれを考慮していない。あくまでもその空室が埋まったことを前提にしているのだ。

花子　ええっ！　そうなの？　でも、言われてみれば確かにこのチラシではどれだけ空室があるかわからないわ。

茂助　だから、チラシに書いてある利回り（利回り＝家賃収入÷物件価格）は満室を前提とした架空の数字なのだよ。

花子　そっかー。チラシの情報は鵜呑みにできないんですね。

茂助　だから、チラシを読むための基礎知識が必要なんだよ。

花子　わかった。花子これからしっかり勉強します。

茂助　そうか。良かった。

茂助　それじゃ、まずは購入諸費用について説明するね。
　まず、購入するときには、この物件価格の他に購入諸費用が必要なのだよ。新築の場合は物件価格の４％、中古の場合は８％程度かかる。

花子　ええっ！　そんなにかかるの。それじゃこのチラシはインチキだわ。

茂助　いや、そうじゃない。例えば、エアコンを買う場合、本体価格の他に設置費用やリサイクル料がかかるね。それと同じだ。

花子　うーん、そうかあ。

茂助　諸費用の内訳としては、

・税金（不動産取得税、登録免許税、印紙税、固定資産税＋都市計画税）

・仲介手数料（中古の場合のみ）
・司法書士報酬
・ローン事務手数料、ローン保証料、団体信用生命保険料
これらを合算すると物件価格の８％位になるのだよ。
不動産取得税については購入後半年から1年後に支払うけど、他のものは決済（物件を購入契約をすること）のときに現金で支払わなければならない。アダモ星空の場合だと諸費用は、２４０万円程必要になるね。

花子　そうなのかあ。でも、銀行から借りればいいわ。

茂助　それはちょっと難しいなあ。基本的には諸費用まで銀行は融資してくれないからね。

花子　ええっ、そうなの。残念。

仲介手数料の謎に迫る

茂助　諸費用の中で一番額の大きいのは仲介手数料だね。物件価格の３％＋６万円。それに消費税。
３０００万円の物件だったら、１０４万円程になるね。

花子　高いですねえ。単に物件を紹介するだけでこんなにお金を取るなんて。花子も不動産屋にな

りたい。

茂助　あはは、今度は不動産屋を目指すのかい？
でも、これは成功報酬だから、契約できなければ一銭にもならないんだよ。

花子　ところで、３％の他に６万円がかかるのはなぜですか？　そんな面倒な計算しないですっぱりと３％にすれば良いのに。

茂助　おや、結構細かいことに気が付くねえ。それじゃ、仲介手数料の＋６万円の謎について説明しよう。実は仲介手数料は物件価格によって率が変わるのだよ。
正確には売買価格のうち２００万円以下の部分は５％、２００万以上４００万円以下の部分は４％、それ以上は３％と段階的に決まっているのだよ。
でも、これだと計算が面倒だし、４００万円以下の物件を売買するケースは少ないので、実務的には物件価格の３％＋６万円（＋消費税）を使うのだよ。

花子　そういうわけでしたか。
言葉だけではわかりづらいので次のページの図を見て理解してね。

茂助　今まで説明した仲介手数料は上限額なのでこれ以下にしても問題はないのだよ。
だから、仲介手数料は交渉の余地はあるね。

花子　計算のやり方はわかったけど、この仲介手数料を払わない方法ってありますか。

茂助　おや、早速節約の方法を聞いてきたね。

仲介手数料が不要な場合は、２つある。

・新築物件の場合。

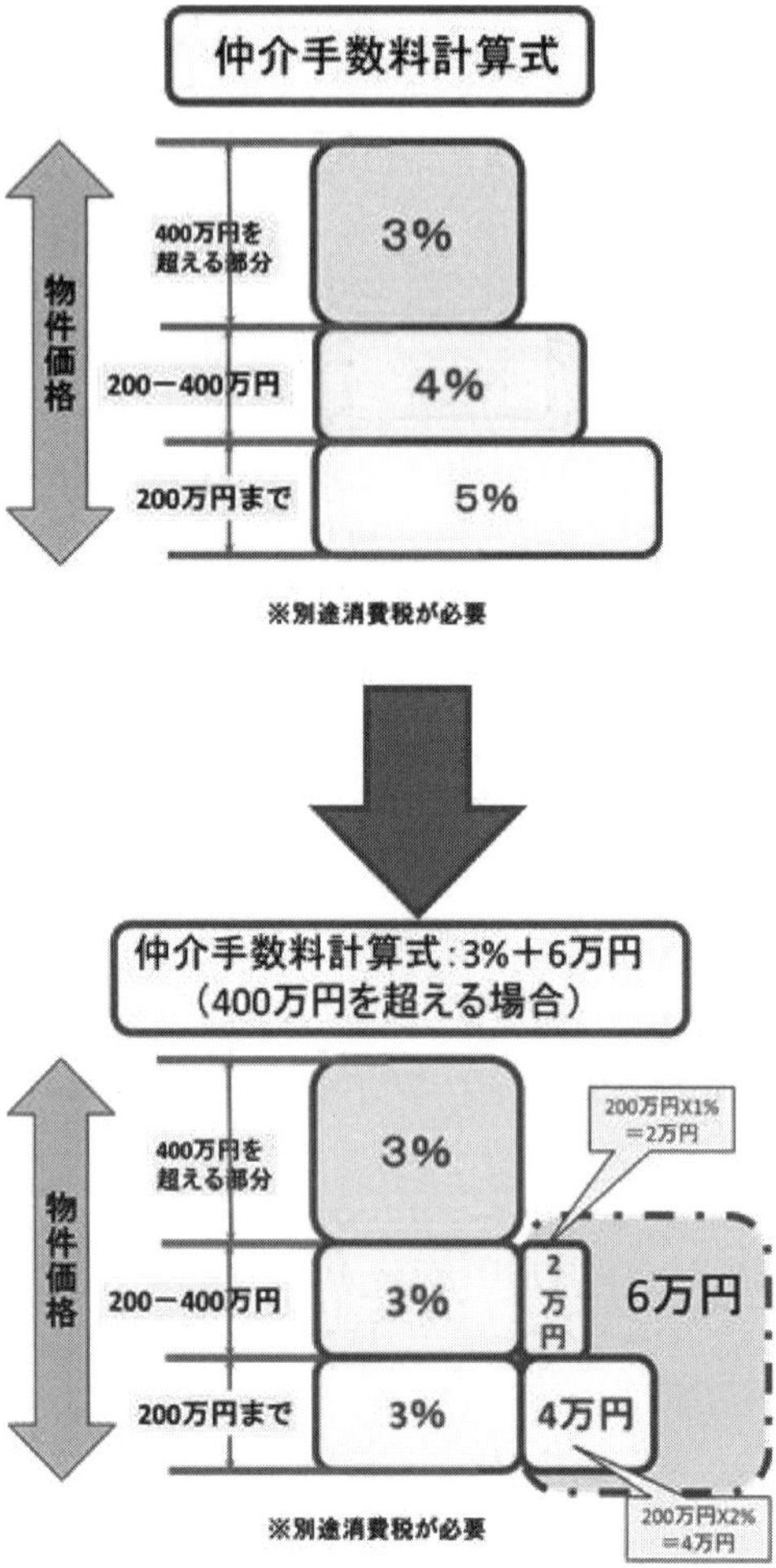

・直接売り主から買う場合（売主直売）

資金繰りの関係で不動産屋が手持ちの物件を売りに出すことがあるのでそれを買えば、仲介手数料はかからないね。

実際、その方法で物件を仲介手数料なしで手に入れた、知り合いの大家さんがいるよ。

花子　そうですか。だったら花子は売り主直売を狙います。

茂助　でも、そのような物件は仲介手数料がかからない分だけ、物件価格が高く設定されているケースが多いので、ちゃんと収支計算をして儲かるかどうか確認しなければいけないよ。

花子　なーんだ、つまらない。

茂助　大事なのは仲介手数料の有無より、儲かる物件かどうかを見極めることなのだ。

次は、満室想定家賃について説明するね。

満室想定家賃とは

茂助　チラシに掲載されている利回りで投資を判断するのが危険なもう１つの理由は、満室想定家賃を前提とした数値だから。

花子　どうして危険なの？

茂助　まず、賃貸経営では必ず退去があるからずっと満室というのはありえない。それから運営している間にいろいろな変化がある。例えば、不景気で家賃の相場が下がったり、近所の工場が閉鎖されたり、その結果家賃下落や空室率増加などが発生する。満室想定家賃はそれらのリスクが考慮されていないから、この数字だけ見て判断してはいけない。

花子　そうかあ。だから、利回だけで判断してはいけないのね。じゃ、どうやって判断すればいいの？

茂助　そうだね、まずは家賃について説明するね。花子さん、不動産屋さんからレントロールを貰っているかい？

花子　なんですかそれ？

茂助　レントロールとは賃貸条件一覧表と言って部屋ごとの家賃、共益費、契約日などの情報を集めたものだよ。このレントロールを見ることで、いろいろなことがわかるのだ。

花子　（ガサゴソ　バッグの中を探して）茂助さん、これですか。

茂助　ああ、それだそれだ。

花子　これがレントロールと言うのですね。部屋毎の家賃や入居日が入っていますね。あ、空室が2部屋あるわ。それじゃ今購入してもこの満室想定家賃は入らないですね。

茂助　その通り。ところで、花子さんこのレントロールを見て他に何がわかる？

花子　部屋ごとの家賃のバラつきが大きいですね。同じ広さの部屋なのにこんなに家賃って違うのですね。なぜですか？

茂助　それはそれぞれの部屋の入居時期が違うから。

　例えば、一番家賃が高い部屋の入居年は１９８９年、すなわち新築当時だよね。ということは、この入居者は新築当時の家賃をそのまま払い続けているわけだ。

　それから一番新しい入居者の部屋の家賃は１０２号室の２０１４年だね。家賃＋共益費は４万５０００円。

　一番高い部屋の５万８０００円に比べると、かなり下がってきているな。

　その理由は、建物が古くなると周りの新築物件に対して競争力がなくなるので、家賃を値下げして対抗しているからだよ。

花子　同じアパートでこんなに家賃が違うのかあ。でも、これって昔から住んでいる人からクレーム出ないの？
　花子だったら絶対に値下げしてもらうわ。

茂助　多くの場合、入居者はこのことを知らないので、問題にはならない。でも何かの拍子に知られてしまうと、必ず値下げ要求が出るね。

レントロール

部屋番号	性別	年齢	入居年	月	家賃	共益費	合計
101			募集中		45,000	2,000	47,000
102	男	24	2014	7	43,000	2,000	45,000
103	男	62	2000	3	51,000	3,000	54,000
201	女	55	2005	4	45,000	2,000	47,000
202	男	75	1989	6	55,000	3,000	58,000
203			募集中		48,000	2,000	50,000
合計					287,000	14,000	301,000
年間					3,444,000	168,000	3,612,000

レントロールを分析する

茂助　それじゃ、レントロールの並びを入居日順にして、グラフにするとよくわかるよ。

花子　年数が経つと家賃ってこんなに下がるのかあ。

茂助　そうなんだよね。これも地域によって下がり方の差があるのだよ。

　人気エリアの場合は家賃の下落がなだらかなので、購入してからの家賃下落リスクは少なくなる。この物件の場合はちょっと下落幅が大きいね。

　一般的に家賃は、築10年まではあまり下がらないものだけど、築10年を超えた辺りから下落のスピードが速まるのだよ。その後15年を過ぎるころから、下落幅は小さくなる。

　この物件の場合も、やはり築15年（２００４年）ころまで下落しているね。

花子　ところで茂助さん、このレントロールでは、現在募集中の１０１号室の家賃＋共益費４万８０００円って、隣の同じ間取りである１０２号室の４万５０００円より高いですね。これってなぜなの？

茂助　うーん、これは不動産屋さんに確認しなければ正確なことはわからないけど、３つの理由が考えられるね。

　１つ目は、１０２号室が募集家賃を値下げした場合、最初に４万８０００円で募集したけど、

入居年順レントロール

レントロール(入居日順)

部屋番号	性別	年齢	入居年	月	家賃	共益費	合計
202	男	75	1989	6	55,000	3,000	58,000
103	男	62	2000	3	51,000	3,000	54,000
201	女	55	2005	4	45,000	2,000	47,000
102	男	24	2014	7	43,000	2,000	45,000
101			募集中		45,000	2,000	47,000
203			募集中		48,000	2,000	50,000
合計					287,000	14,000	301,000
年間					3,444,000	168,000	3,612,000

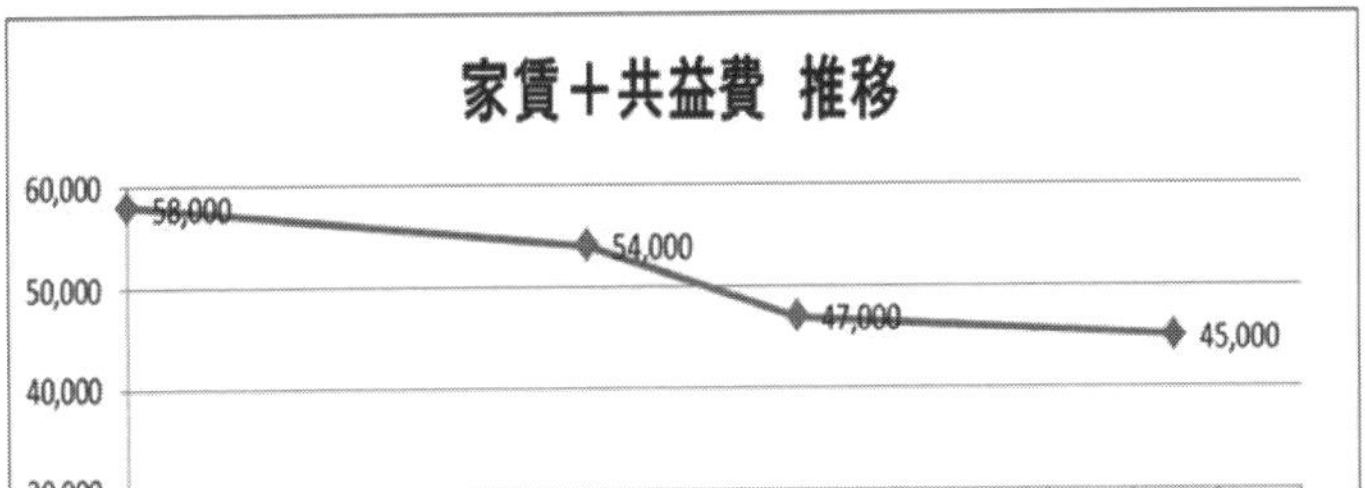

なかなか決まらなくて値下げした場合。
　２つ目は、リフォームなどで部屋の付加価値を上げて家賃を値上げした場合。
　３つ目は、部屋の条件が違う場合、例えば角部屋だと二面採光なので家賃を高くするケースが多い。

花子　そうかあ。やはり閑散期だと家賃を安くしないと決まらないのですね。
　でも、家賃を上げるってできるのですか？

茂助　勿論できるよ。大幅に上げるのは大規模リフォームでもしない限り困難だけど、現状のまま１０００円や２０００円位上げても問題なく決まることが多いのだよ。
　でも、実際には不動産屋さんに反対されて諦めるケースが殆どだけどね。茂助は、空室が発生したら、床を貼り替えたり、アクセントクロスを貼ったりして、２０００円値上げしているね。

花子　それと、茂助さん。逆に今の家賃が相場より安い場合ってあるのですか。

茂助　そういうケースもあるね。例えば、空室が長期に渡って大家さんが弱気になり、業者の勧められるまま家賃を下げてしまうケース。
　閑散期なんかは相場よりかなり安めで決まることもある。

花子　そうなのかあ。そんな物件ならば購入してから家賃を値上げできる可能性があるわね。
　やっぱり、家賃相場を把握するって大事なのですね。

茂助　チラシに掲載されている利回りは、実態を表していないことが良くわかったかい。

花子　わかったわ。チラシの他に必ずレントロールを見ることが大事だわ。

引き直し家賃とは

茂助　花子さん、このレントロールに記載されている家賃は現在のものだね。

でも、将来退出があったときは、そのときの家賃相場によって新しい家賃が決まるのだ。不動産投資をする際はそのリスクをあらかじめ織り込まなければならないのだよ。

もう一度レントロールを見てごらん。

例えば、２０２号室の入居者が退出したら、今の家賃である５万５０００円で次の入居者が決まることはないよね。せいぜい現在募集中の２０３号室の４万８０００円辺りで決まるだろうと思う。

花子　たしかにそう思うわ。

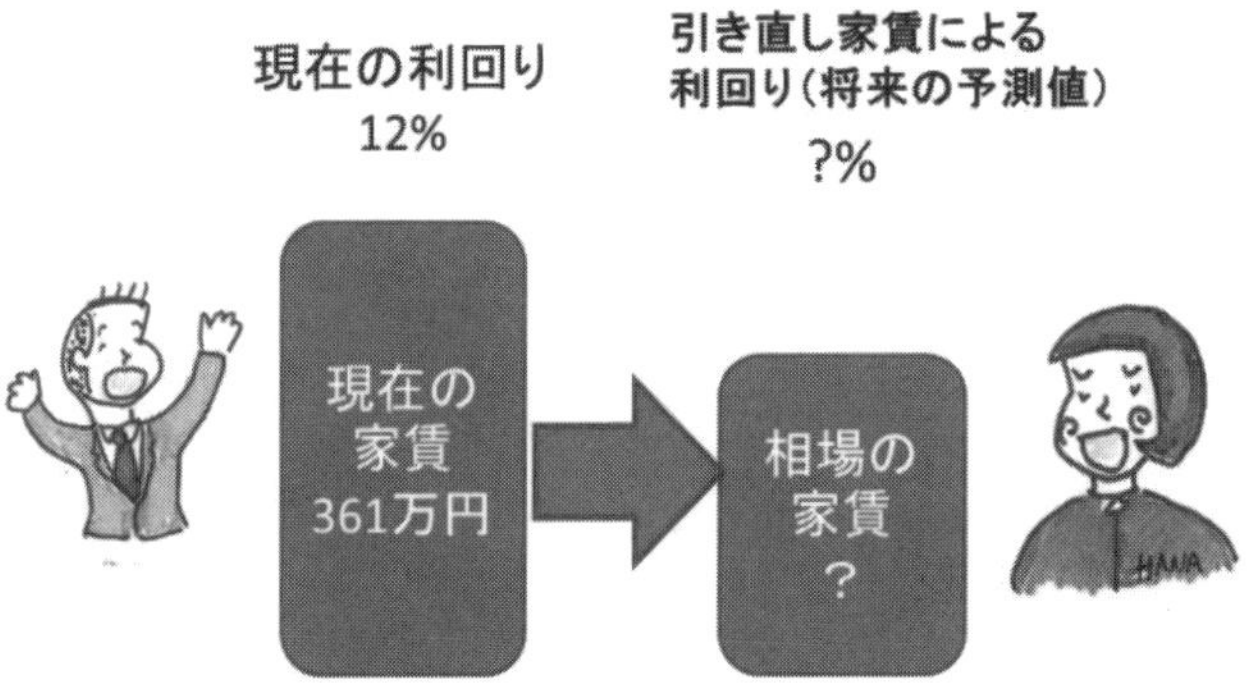

茂助　だから、今の家賃を実際の相場に合わせて新たな家賃と共益費を設定してみることが必要だね。
　具体的には、今の入居者がそっくり入れ替わったら家賃と共益費はいくらになるかを推定すること。勿論、すぐにはこんな状態にはならないだろうけど、平均的な入居期間は4年くらいなので4年くらい経過したらこんな状態になるかも知れないのだよ。
　この相場に即して、設定し直した家賃を引き直し家賃と言うのだよ。

花子　なるほど、そうなんですね。花子、すこしお利口になったわ。

宿題

茂助　さて、花子さん、今日はここまでにして続きは来週にしよう。

花子　はーい。花子も久しぶりに頭を使ったので疲れました。

茂助　では、来週までに宿題を出すからそれをやっておいてね。

花子　えっ、宿題だってぇ！　茂助さんって厳しいわ。

茂助　そりゃそうだよ、これから不動産投資を始めて大きなお金を動かすかもしれないのだから、真剣に勉強しなければいけない。

花子　で、どんな宿題ですか？　花子、忙しいから沢山はできないわ。

茂助　いや、そんなに大変ではないよ。

　花子さんへの宿題は、この物件の近隣の競合物件の家賃を調査することだよ。

　ネットの不動産ポータルサイトで近隣の似たような間取りと広さのものを10件検索して、こちらの表にまとめてください。これは市場調査と呼んでいる作業だよ。

花子　それならできそうだわ。それじゃ1週間後に。

市場調査

　翌週、カモネギ花子さんは宿題を抱えて茂助邸を訪れました。

花子　茂助さん、こんにちは。

茂助　おお！　いらっしゃい。遠いところからわざきてくれてありがとう。

花子　いえいえ、不動産投資で儲けるためですから、こんなのはへっちゃらだわ。

茂助　うーん、不動産投資って皆が思っているほど儲かるものじゃないけどなあ。

花子　茂助さん、宿題やってきました偉いでしょ。

茂助　おお、そうか、早速見せてね。

花子　はい。これ。

茂助　なかなか良くできているじゃないか。

花子　花子、頑張ったもん。

茂助　まずは、競合物件の家賃の分析をしてみよう。

　アダモ星空は築26年なので、この築年数前後の物件の家賃＋共益費を注目してみよう。

花子　うーん、こうしてみるとアダモ星空の家賃は他より高めだわ。

　でも、もっと高い部屋もありますね。

　例えば、Ｆ物件は築年数が27年と古いのに4万７０００円。

茂助　そうだね。この高い家賃の理由は部屋の設備の違いとかかもしれないね。このＦ物件はアダモ星空と同じ家賃だけど、お客様なら設備が充実しているＦ物件を選ぶね。

花子　そうですね。やはり設備の違いが家賃に反映されるのだわ。

茂助　次にアダモ星空と同じような設備条件の物件を探してみよう。

花子　えーっと、Ｇ物件が同じ条件ですね。築年数は29年とアダモ星空よりは古いですけど。家賃は３万８０００円。ずいぶんと安いんですね。

茂助　それからＦ物件、Ｉ物件もそれに近い。こちらは床面積が狭いけど、ロフトの面積も考慮すると同じような条件だね。家賃＋共益費は３万６０００円から３万７０００円。

花子　こうやって競合物件を分析すると、いろんなことがわかるわ。

茂助　このように市場調査をすることで、アダモ星空の家賃が地域の相場に対して高いのか、低いのかがわかる。

これを知ることによってこの物件を購入した際、将来の収益状況が予想できるのだ。

地域の相場家賃より高い場合は、退去が発生すれば家賃が下落する可能性が大きい。

逆に相場家賃より低い場合は、値上げできる余地がある。

花子　市場調査って大事なんだ。

近隣競合物件調査票

No.	物件名	築年数	階	駅徒歩	家賃	共益費	家賃+共益費	敷	礼	間取り	広さ	南向き	バストイレ別	室内洗濯機置場	エアコン	ロフト	駐車場
1	アダモ星空1F	26	1/2	15	45,000	2,000	47,000	1	1	1K	15				○		
2	A	18	2/3	10	51,000	3,000	54,000	1	0	1K	22	○	○	○	○		
3	B	22	2/2	13	39,000	2,000	41,000	1	0	1K	20			○	○		
4	C	22	2/2	14	44,000	2,000	46,000	1	0	1R	19.11		○		○		
5	D	22	1/2	12	42,000	0	42,000	0	0	1R	15	○			○		
6	E	24	1/2	16	34,000	3,000	37,000	0	0	1R	11.54				○	○	
7	F	27	2/2	15	45,000	2,000	47,000	1	1	1K	20		○	○	○		○
8	G	28	1/2	8	38,000	0	38,000	0	0	1K	16,65				○		
9	H	29	2/2	15	42,000	0	42,000	1	0	1R	17.95	○	○		○		○
10	I	29	2/2	13.5	34,000	2,000	36,000	0	0	1R	13.5	○			○	○	

茂助　レントロールに書いてある情報は、時には正しくないことがある。それを検証するためには市場調査は欠かせないね。

引き直し家賃の設定

茂助　花子さん、このデータからアダモ星空の引き直し家賃＋共益費を推定してみよう。

花子　うーん。アダモ星空は三点ユニット、室内洗濯機置き場なしなのでG物件と同じ3万８０００円かなあ。

茂助　なるほど。それに1階の場合は人気がないので、それより家賃を１０００円下げようね。

　そうなると、1階は家賃3万７０００円＋共益費２０００円、2階は家賃3万８０００円＋共益費２０００円だね。

　このようにして、レントロールを相場家賃でつくり直すと、下図のようになるね。それじゃ、その引き直し家賃で、年間家賃収入を計算してみよう。

引き直し

部屋番号	性別	年齢	入居年	月	家賃	共益費	合計
101			募集中		37,000	2,000	39,000
102	男	24	2014	7	37,000	2,000	39,000
103	男	62	2000	3	37,000	2,000	39,000
201	女	55	2005	4	38,000	2,000	40,000
202	男	75	1989	6	38,000	2,000	40,000
203			募集中		38,000	2,000	40,000
合計					225,000	12,000	237,000
年間					2,700,000	144,000	2,844,000

花子　キャー！　うっそ！　茂助さん、引き直し家賃で計算したらこんなに減っちゃった。

茂助　引き直し後、家賃＋共益費で再計算すると、２８４万円だね。
　この金額で表面利回りを計算すると９・５％になるね。

花子　最初12％と高利回りで喜んでいたけど、相場家賃で引き直すとこうなるのですか。

茂助　そして、この相場家賃だって将来はもっと下がるかもしれないよ。

花子　そうなの！　それって怖い。

茂助　そうなのだよ。でも、購入前にそのことを知っておくことが大事。
　これはリスクを想定しているだけなので、花子さんの努力次第では改善できる。
　これが株なんかと違って不動産投資だから可能なのだよ。

花子　はあい。よくわかりました。

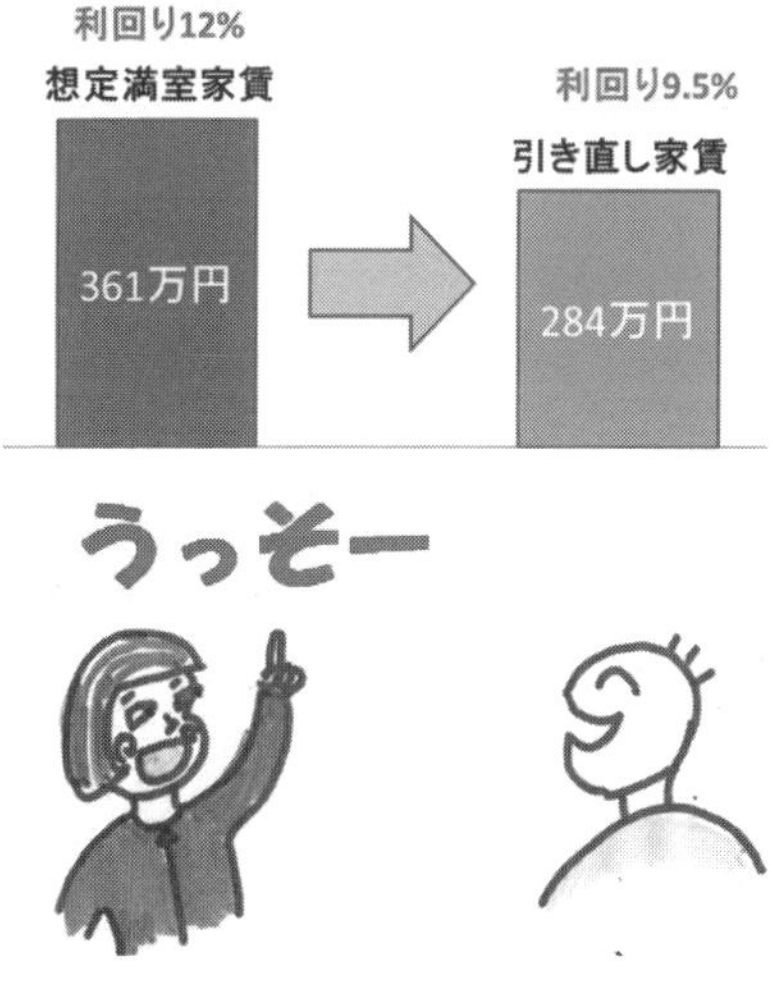

【カモネギ花子の不動産投資大作戦　中級編】

ざっくり茂助流キャッシュフロー計算法

茂助　ところで花子さん、この物件を銀行から全額借金（フルローン）して買った場合、家賃284万円のうち財布に残るのはいくら位かと思う？

花子　そうですね。半分の142万円位かなあ。

茂助　いや、違う。恐らく45万円位かな。

花子　ええっ！　ウッソー！　どうしてそんな数字が出るの？

茂助　チラシに書いてある利回りで、ざっくりと推定できるよ。

花子　ええっ！　どうやって？

茂助　簡単だよ。フルローンの場合、表面利回りから8％引いた数字が手元に残るお金。これは私の今までの経験値から出た数字なのだけどね。

この場合は、引き直し家賃で計算した利回り9・5％から8％を引いた1・5％が財布に残る。金額にすると、3000万円の1・5％だから45万円だ。

花子　そうなの？　それしか残らないの？

茂助　まあ、概算だけど結構当たるものだよ。次の図を見てごらん。

例えば1億円で表面利回り10％の物件を買った場合、手元に残るお金（税引き前キャッシュフロー）は2％程度。10％の家賃収入が2％しか残らないから、差引8％は費用がかかったと言えるね。

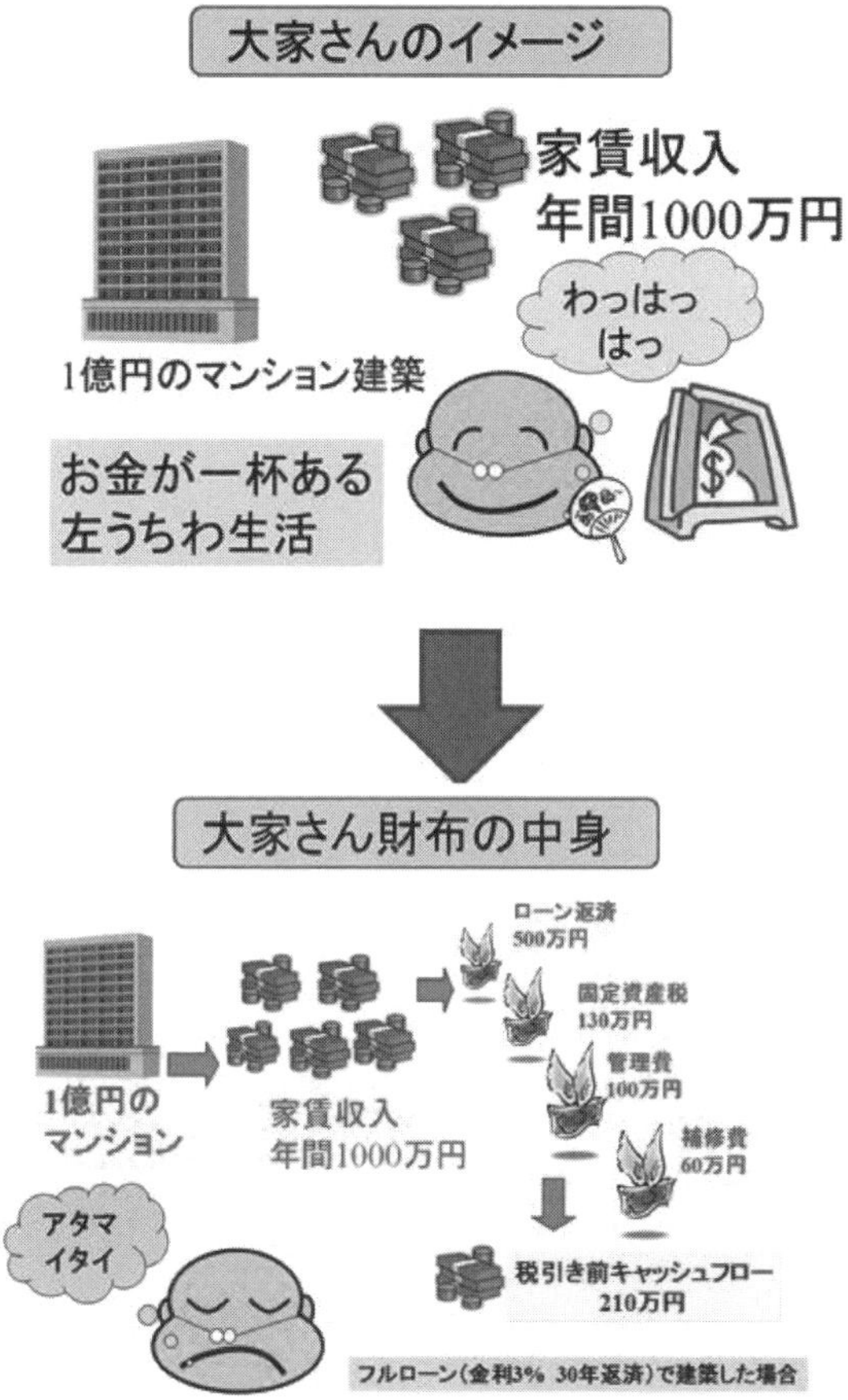

一般の人はアパートオーナーには多額の家賃収入があるから儲かっていると思うけど、実際はあまり儲かっていないのだ。

茂助　それじゃ、実際に計算してみようか？

今回は細かい条件がわからないので概算だけどね。まずは、家賃収入からどのような費用を支払う必要があるか説明するね。

キャッシュフローツリー

茂助　最初に今回の家賃収入から最終的に残るお金の構造を理解しよう。

下の図は、キャッシュフローツリーと呼ばれているもので、お金の流れを一目で理解できる全体図なのだ。

花子　ずいぶんといろいろな項目があるんだわ。

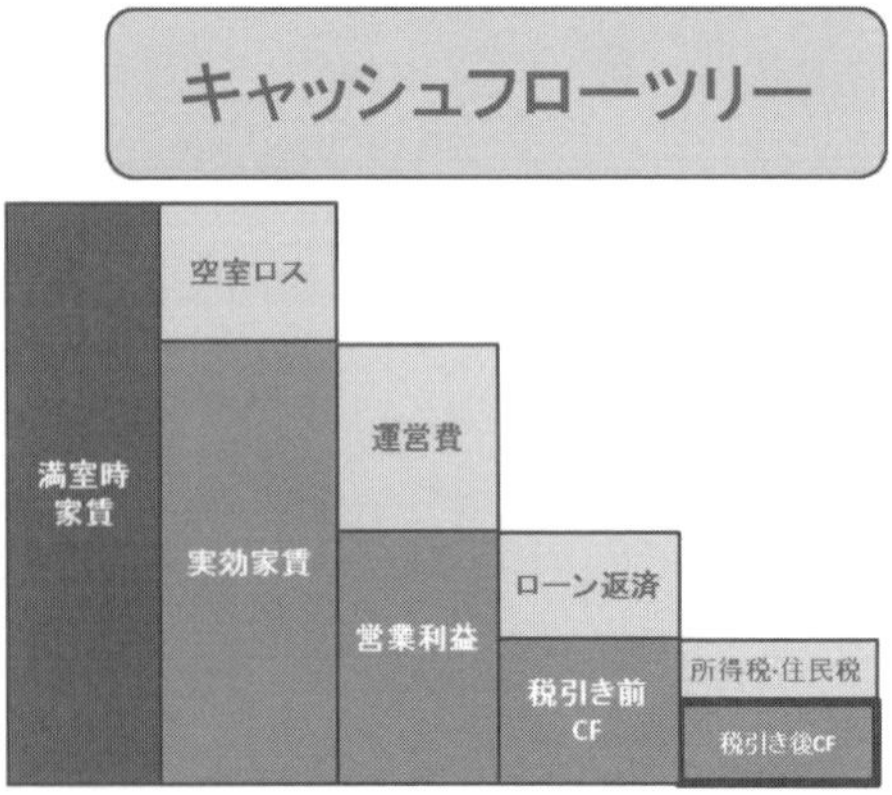

CF:キャッシュフロー

空室ロスと運営費

茂助　まず、実際の家賃収入は空室ロスを考慮しなければならないね。

花子　そうね。

茂助　満室想定家賃から空室ロスを引いたものが実効家賃と呼ばれているもので、これが実際に受け取る家賃だね。

花子　そうね。満室想定家賃は実際の収入じゃないですね。

茂助　でも、実効家賃からいろいろ支払うものがあるね。それを運営費という。

花子　運営費って何なの？

茂助　運営費というのは　税金、管理費、共用部の光熱費、保険料など日常の賃貸経営に必要な費用だよ。

実効家賃から運営費を差し引いて残った金額が営業利益ということになる。

花子　うわー、いっぱい払うものがあるわ。

茂助　今回はざっくりと稼働率95％、運営費15％で見積もるね。

実際に詳細検討する場合は、きちんと計算する必要があるけど、それは後で説明するね。

◆空室ロス　２８４・４万円×（１−０・９５）＝14・２万円

◆運営費　２８４・４万円×０・１５＝42・７万円

これを満室想定家賃から引くと、手元に残るお金（営業利益）が計算できるね。

営業利益＝２８４・４万円－14・２万円－42・７万円＝２２７・５万円

これが手元に残るお金（営業利益）だ。図にすると左のようになるね。

花子　わー！　ずいぶん目減りするのね。
でも、２２７・５万円万円も残る！
嬉しいなあ。この調子でさらに二棟買えば年収７００万円程度になるわ！
そうなれば、華麗なセミリタアができる！
夢の海外旅行もできるし、あの気に入らない上司のハゲ頭を叩ける日が近い！

茂助　花子さん、イマジネーション（＝妄想力）が豊かだなあ。でも、あわてちゃいけないよ。
この金額は全額現金で購入すればそのまま財布に入るのだけど、実際にはこの中からローンを支払わなければならないのだよね。

花子　あ、そうかあ。残念。

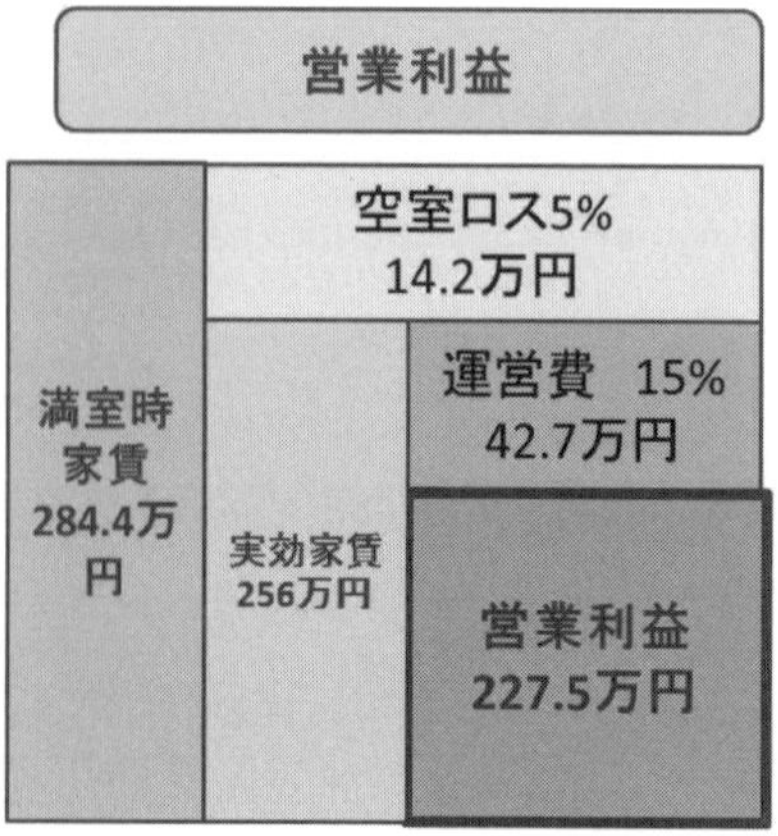

ローン返済すると

茂助　それでは、今回は３０００万円を利息２％、20年返済という条件で借りたことにして返済額を計算しよう。

　計算の方法は金融電卓やスマホのアプリを使えば簡単にできるよ。

　その結果は年間１８２・１万円となった。ローンを返済して手元に残るのは、２２７・５万円―１８２・１万円＝45・４万円となるね。

　このお金を税引き前キャッシュフローと呼んでいて、財布に残るお金になる。

花子　ええ！　これしか残らないの！　茂助さんの予想と同じ！

茂助　そうなのだよね。更にここから所得税、住民税を支払わなければならない。

花子　うーん。

茂助　投資家予備軍の人はフルローンに憧れるけど、フルローンは家賃収入の大方をローン返済に費やすためにキャッシュフローが少なくなる。

　それを防ぐためにはできるだけ初期費用を貯めることだね。

花子　茂助さん、花子びっくりです。こんなにキャッシュフローって少ないの。

　折角いただいたお家賃がいろいろなところに吸い取られて、お余りを花子が貰うようなものですね。

茂助　フルローンで購入した物件を、口の悪い人は鉄筋コンクリートならぬ借金コンクリートって言っている。

　フルローンの場合、物件は銀行が全額出資したのと同じ。

　家賃収入の半分以上を銀行にせっせと払い続けなければならない。だから、オーナーは銀行から雇われた社長みたいな存在。ローンを完済して初めて自分のものになるけど、それまでに20年もかかるね。

　だから、できるだけ自己資金を貯めないといけない。

　でも、花子さん今は貯金がないのだから不動産投資をするには未だ早いなあ。

花子の夢

花子　花子、頑張ってお金を貯めます。だから、もっといろいろ教えてください。

茂助　そうか！　良い心がけだ。でも、お金を貯めるのは大変だよ。

花子さんも太郎さんと同じように資産家の一人息子と結婚するとかいわゆる玉の輿を狙ったらどうなの？

花子　花子はお兄ちゃんみたいに打算的な結婚はしたくないの。花子は燃えるような恋をして、美しく結ばれたいの。（うっとり）

茂助　そうかあ。それだったらそのいつも着ている赤いジャージを止めて、もっとおしゃれしなくちちゃ。

花子　あら？　ジャージって楽で手放せないわ。私の未来の旦那さんとお揃いのジャージで買い物に出かけるのが夢なの。

茂助　そうかあ。それじゃ、なかなか結婚できないかなあ。

花子　もうそんな話はやめて、不動産の話にしましょうよ。

茂助　はい、はい。

稼働率について

茂助　それではこれからいろいろな知識を身に付けよう。まずは空室ロス＝稼働率について詳しく説明しよう。

花子　茂助さん稼働率って何なの？

茂助　稼働率とは、部屋がどのくらいの割合で働いているかを見る指標だよ。

このアダモ星空の場合では、6部屋のうち4部屋が入居中なので、稼働率＝4÷6＝0・67、稼働率は67％ということになるね。

花子　あ、なるほど。

茂助　収益予測の場合、その地域の稼働率を調べる必要があるね。

「homes不動産投資」などのポータルサイトのデータを利用するのが一般的なのだ。

花子　（パソコンの画面を見て）この横浜市北区の空室率は20％だわ。

ということは稼働率は100－20＝80（％）だわ。

茂助　2014年の全国平均空室率は19％だよ。だから、横浜市北区の空室率20％は決して高い数字ではない。

でも、稼働率は地域によりかなりばらつきがある。

本当に制度の高いデータが必要な場合は、自分で物件の半径500m内にある競合物件を一軒ずつ調べることもある。

花子　ええっ！　そこまでやるの？

茂助　成功している投資家の多くはやっているよ。不動産投資は高額のお金を動かすから、そのくらいの努力をしなければいけないね。

フリーレントによる稼働率低下は？

茂助　ところで、ここで計算した稼働率は空室の数を元に計算したものだけど、フリーレントと言って家賃無料期間を適用している場合はそれも考慮しなければならない。

フリーレント期間中は家賃が発生しないから、空室とみなして計算する。

これをお金の稼働率と呼んでいて経営上はこちらの数字で判断しなければならない。

ここで、フリーレントを１カ月適用すると稼働率がどう変化するかみてみよう。

下の表は10部屋あるアパートの入居状況を表している。

○が入居中。△がフリーレント期間、×が空室。１年間で○が１００、△が８、×が12ある。

この場合だと、10室×12カ月で分母が１２０、空室は×の数だから（１２０－12）／１２０で90％だけど、家賃から見

部屋No.	1月	2月	3月	4月	5月	6月	7月	8月	9月	10月	11月	12月
101号室	○	×	×	△	○	○	○	○	○	○	○	○
102号室	○	○	○	○	○	○	○	○	○	○	○	○
103号室	○	○	○	×	△	○	○	○	○	○	○	○
104号室	○	○	○	×	△	○	○	○	○	○	○	○
105号室	○	○	○	○	○	○	○	○	×	△	○	○
201号室	○	○	○	○	○	○	×	×	△	○	○	○
202号室	○	○	○	○	○	○	○	○	○	○	○	○
203号室	○	○	○	○	×	×	×	△	○	○	○	○
204号室	○	○	○	○	○	○	○	○	○	○	×	△
205号室	×	△	○	○	○	○	○	○	○	○	○	○

○ 入居　△ フリーレント　× 空室

た稼働率は、フリーレントは空室と同じなので、△を足して（120－12－8）／120で83%。部屋の稼働率は90%だけど、お金の稼働率は83%になってしまうね。

花子　フリーレントってずいぶんと稼働率に影響するのですね。

茂助さん、ネットで調べたら築20年以上の物件って、みんなフリーレントが付いてる。

茂助　だったら稼働率をもっと低めに設定しなければいけないね。さっきは稼働率95%で計算したけど、もっと低い数字にしなければいけないね。

花子　うーん、そうなるともっとキャッシュフローは下がっちゃう。

運営費について

茂助　花子さん、それでは次に運営費について細かく説明するね。

運営費とは、日常の運営に必要な費用のことで、その内訳としては、（カッコ内数字はアダモ星空の推定値）

固定資産税、都市計画税　（7万円）

賃貸管理料　（家賃の5%：12万円）

清掃費用　（6万円：シルバー人材センター利用の場合）

共用部光熱費（2万円）
火災保険（6万円）
設備メンテナンス費用（？）
修繕費（？）
募集費用、原状回復費用（含むリフォーム）（？）
合計33万円＋設備メンテナンス費＋修繕費＋募集費用

花子　ずいぶんとあるわ。33万円ということは引き直し家賃２８４万円の12％にもなるわ。

今回の運営費15％の見積もりは見直さなきゃいけないわ。

でも、残りの設備メンテナンス費、修繕費、募集費用ってどのくらいかかるの？


茂助　それがねえ。結構見積もりが難しいのだよ。

まず、設備メンテナンスに関しては定期点検の必要な設備があれば、それを含めなければならない。

不動産屋さんに問い合わせて現在の費用を聞きこむと良いね。

例えば、エレベーターは定期的に保守点検が必要なので、そのための費用も見積もらねばならない。また、エレベーターの寿命は30年と言われている。

実際にはもっと長く使えるけど、故障したときに部品がないので交換せざるを得ないときもある。エレベーターの交換費用は５００万円。

花子　エレベーターつきってお金がかかるのですね。

茂助　そうなのだよ。だから投資家の中には、エレベーターつきを敬遠する人もいる。5階建でも建築費を安くするために、エレベーターなしの新築物件を建てる業者も沢山いるねえ。

花子　そうなんだ。でも花子、エレベーターなしのマンションには住みたくないわ。

茂助　確かに収益のことだけを考えればエレベーターなしのほうが有利だけど、入居者にとっては不便だよね。

花子　花子もそう思うわ。

修繕費について

茂助　修繕費に関しては、建物の築年数や構造によってかなり変化する。そして外壁、防水、配管などは大型の建物であればかなりの金額になるのだよ。

それらは定期的に修繕していればあまり高額の費用はかからないけれども、一般的に売りに出す物件は、オーナーが運営費を節約するために必要な修繕を先送りしているケースが多い。

例えば、屋根の塗り替え、防水工事は10年から20年、外壁の塗り替えは10年から15年毎に必要だけどついつい先延ばしにしてしまうことが多い。
　そんな物件を購入して、そのまま修繕してないで使っていると、ある日突然大きなトラブルが発生する可能性が高いのだ。

花子　怖い。そう言えばウチのアニキの友達が、購入直後にいきなり雨漏りが発生したことを聞いたことがあるの。現金がなくて大変な思いをしたと言ってたわ。

茂助　そのケースって良くあるね。雨漏りの場合、屋根のメンテナンス、屋上の防水などを怠ると発生する可能性が高い。
　また、配管の寿命を考えると20年から30年で交換しなければならない。外壁もタイル補修やらサイディングのシーリング打ち直し、塗装の塗り直しなんかがあるね。先ほどのエレベーターも交換が必要な場合も出てくるね。
　これらのトラブルの中には、ある日突然発生するものもある。それに備えて現金を温存していなければならないね。

花子　そんな物件買ったら大変！　でも、そんなリスクをどうやって事前に知ることができるの？

茂助　アダモ星空の場合、築古なので設備が古くなっているはず。過去にどんな修繕をしたか？エアコンや給湯器はいつごろ交換したかを確認すると良いね。

室内の設備ではエアコンや給湯器は、寿命が近づいたら壊れる前に新品と交換しておけば突然の故障のリスクは低減される。空室になった段階で交換すれば入居者に迷惑がかからない。だから、購入時にきちんと調べて、前もって交換すれば良いね。

でも、素人が見ても判断できる部分は限られているから、できれば購入前にきちんと専門家に建物診断を依頼することを勧めるね。

花子　やっぱりいろいろお金かかるんですね。花子困っちゃう。

茂助　そのために一生懸命貯金しようね。今日のところはこれまで。続きは来週にしよう。

花子　はーい。次はどんなお話ですか。

茂助　次は募集費用についてだね。

花子　わかりました。それじゃまた来週。バイバイ。

それから1週間後の日曜日。あいにくの雨ですが、カモネギ花子さんは時間通りに茂助宅に到着しました。

花子　茂助さん、こんにちは。花子です。

茂助　おお！　こんにちは。生憎の雨の中わざわざ来てくれてありがとう。

花子　いえいえ、不動産投資で儲けるためですから、このくらい何でもありません。

茂助　あのねえ何度も言うようだけど、不動産投資って思ったほど儲からないからね。

花子　はーい。ところで、今日は募集費用についてでしたね。

茂助　あ、そうだったね。まず、その地域は広告費が必要かどうか？　またそれが家賃の何か月分かを知る必要がある。

広告費とは

花子　茂助さん、ところで広告費って何ですか。

茂助　広告費とは、募集をする際に大家が業者に払う謝礼のことだよ。

仲介手数料は入居者からいただくもので大家は支払う必要ないのだけど、最近は、広告費を払うことで優先的に客付けして貰うことが一般化しているのだ。昔は広告費なんてなかった。

数年前にファンドが物件の入居率を高めるために始めたと言われているけど、今や全国に広まってしまっている。大家にとっては悪しき習慣だね。

でも、ここまで一般的になってしまったら無視するわけにはいかない。

広告費は大家にとって良くないだけでなく、お客様にとっても結局は不利益になるのだよ。

花子　どうしてなの？

茂助　仲介業者は広告費がいただける物件を優先して紹介する。だから、競争力のない物件を抱えている大家の中にはリフォームなどの努力をする代わりにお金の力で空室を埋めようとする人がいる。そうなると、良い物件であっても広告料なしだと業者が紹介しないので、お客様は良い物件を紹介されないことが多くなるので不利益となるためだ。

花子　確かにそうだわ。

茂助　まあ、業者側としても写真撮影とかネットへの広告掲載とか以前はなかった費用が掛かるようになって、経営が苦しくなっている事情もあるけどねえ。

アダモ星空の地域は広告料をどのくらい払っているか、業者に問合せてみると良いね。

ちなみに札幌の場合は、家賃の３か月分と言われている。だからいくら利回りが良くても入居状況が悪ければ儲からない。やはり、表面利回りだけで判断するのは危険だねえ。

原状回復費用について

茂助　空室が発生したときの原状回復費用も、きちんと見積もることが必要だね。

これは、長期の入居者の場合、費用が高額になる。短期で退出される場合は、クリーニングだけで済む場合が多いけど、長期の場合はあちこち経年劣化で交換する箇所が多くなるから大規模リフォームが必要となるわけだ。今は畳の摩耗とか、壁紙の変色のような経年劣化の部分は入居者にリフォーム費用を請求できないから、大家としてはかなりの出費となるのだ。

アダモ星空の場合、新築当時から住んでいる人がいる。この人が退去ともなるとその部屋の原状回復費用はかなり高額になることが予想されるね。それと、部屋の使い方が荒いと短期入居でも原状回復費用が多額になる。

以前、大家仲間から聞いた話だけど、こっそりと猫を飼っていたので退去のときは部屋が荒れ放題だった。臭いも染みついていたのでかなりの費用が掛かったそうだ。

花子　それは困っちゃう。

茂助　そうだねえ。入居者を見つけるのに苦戦する場合、ペット可にして対応することがあるけどきちんと注意事項を守ってもらわなければならないね。

花子　そうですね。退去時はかなりの費用が必要なんですね。花子、なんだか、不動産投資が怖くなってきちゃった。

茂助　まあ、今は想定されるリスクを説明しているけど、必ずしもそうなるわけじゃないからね。ただ、こんなことも考えられるということを忘れちゃだめだからね。

家賃収入を全部散財したら？

茂助　今まで、原状回復費用について話してきたけど、退去は予測が付きづらいので手元に現金を持っていなければいけないね。

花子　こちらも現金が必要なのですね。それじゃ、家賃が入っても使えませんね。

茂助　そうだねえ。しばらくは家賃収入には手を付けないほうが賢明だね。

花子　花子悲しい。これじゃいつまで経ってもセミリタイアできないわ。

花子　まあまあ、そのうちにお金が貯まれば好きなことに使えるゆとりができるよ。

茂助　ある大家さんが亡くなって奥さんがマンションを相続したのだが、銀行に振り込まれる家賃を全部使っても良いと勘違いしていた。それで、その奥さんは、ホストクラブなどで豪遊して貯金を全部使ってしまった。

　ある日、固定資産税が銀行口座から引き落とせなくなったと税務署から連絡があって、家族は初めてそのことを知ったのだった。結局、奥さんの息子さんが代わりに税金を支払ったのだよ。

花子　あはは、その奥さんよっぽど勉強していないんですね。でも、昔の花子だったらやりそうだわ。

茂助　税金だけでなく、賃貸経営をしていると雨漏りとかいきなり発生して、多額の現金が必要なことが多くあるのだよ。そんなわけで、家賃収入はしばらく不慮の事態に対処できるほど貯まるまでは使ってはいけないのだよ。

花子　はあい。（だんだん元気がなくなってきた）

驚きの見直し結果は

茂助　それじゃ、稼働率、運営費を見直をして再度収益予想をしてみようか。まず、稼働率だけど今後フリーレントが必要になる可能性が高いので95％↓90％にしよう。

花子　はい、そのくらいが妥当ですね。

茂助　次に運営費としては建物が古いので修繕費が高額になりそう。それから募集費用も原状回復費用が多額になりそうなので15％↓20％にしようね。

そうなるとキャッシュフローはどうなるかな？

花子　えーっと　きゃー！　17万円しか残らない。見直し前の半分じゃない！　見直しをするだけでキャッシュフローが大幅に減るなんて信じられない！

茂助　そうか。でも追い打ちを掛けるようだけど、これは税引き前のキャッシュフローなので、所得税や住民税を支払った後はもっと少なくなるのだよ。

引き直し家賃＋空室ロス、運営費見直し後の税引前キャッシュフロー

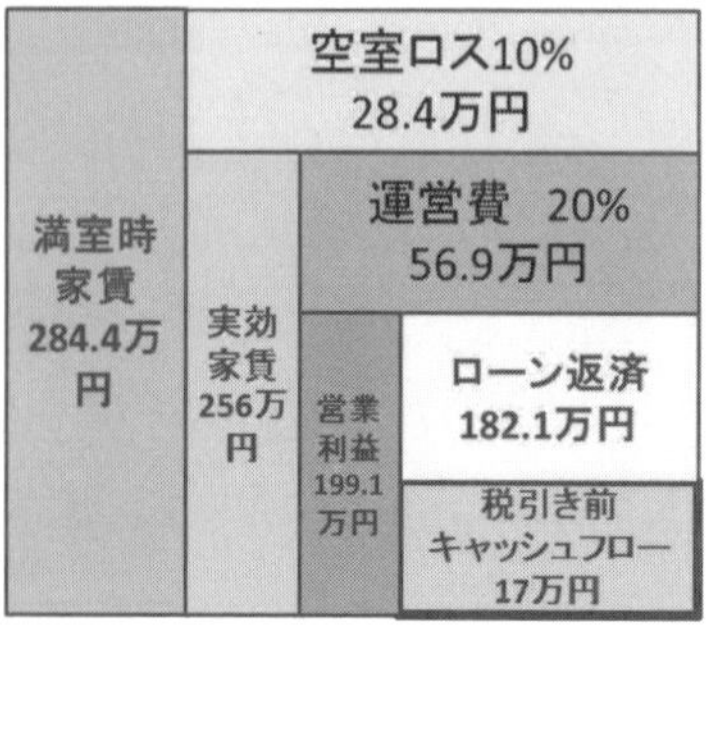

　　その上、このキャッシュフローは翌年から税金が上がることで更に低下してしまうのだよ。

花子　そうですか！　花子びっくりです。

茂助　お金が残らない原因は、フルローンで物件を買ったことなのだ。

　　フルローンで買えば自己資金が要らないなんて言われているけど、フルローンということは家賃収入の多くが返済に回るので手元には残らないものだよ。

花子　うっそー！　それじゃ空室が増えたら赤字転落じゃないの！　不動産投資が儲かるなんて嘘なんですね！

茂助　まあまあ落ち着いて。これは最悪のケースだから、必ずしもこのようになるとは限らないのだよ。そのためには花子さんがもっと知識を得て、実践することなのだよ。

花子　そうですか。あーよかった。

茂助　花子さん、これで税引き前のキャッシュフローの計算は終わりだよ。

花子　結構メンドイ。こんな計算、物件ごとにやるんですか。

茂助　そうだよ。でもやっているうちに慣れてくるから時間はさほどかからない。

　　それに同じ地域の物件を調べていれば基本的な数字が頭に入るから、そのうちチラシを見るだけでおおまかなキャッシュフローがイメージできるようになるね。

花子　茂助さん、そのあとどうすれば良いの？

茂助　ここで購入しても大丈夫と思ったら、次は現地調査だ。実際に現地に行って実際の状況を確認することだね。そのときのポイントはお客様目線でみること。

花子　やっぱり、現地にいくことが重要なんですね。

茂助　その通りだよ。投資家の中には早く購入したいので現地にも行かずに物件を買う人もいるけど、これは間違いだ。

今までは机上で分析したけど、それらは現地調査のための準備に過ぎない。現地に行かなければわからないことが沢山あるので、それらをきちんと調査の上最終的に購入判断をすることが大事なのだよ。

花子　現地で確認することってどんなこと？

茂助　例えば、

・駅から物件まで歩くときに、近くにスーパーやコンビニがあるか
・駅からの道は夜安全に歩けるか（街灯の有無、歩道の有無など）
・踏切や信号や歩道橋でチラシ表示より長時間歩かねばならないか
・建物の外観は綺麗か？　エントランス、ごみ置き場、駐輪場の管理状態は良好か

花子　そうですねえ。内見者に気に入られなければ家賃は入らないから当然だわ。

茂助　こんな当たり前のことがわからない投資家が多いのが問題なので、花子さんには是非お客様目線でみることをしてもらいたいね。

花子　はあい。

【カモネギ花子の不動産投資大作戦　上級編】

税引き後キャッシュフローの算出

茂助　賃貸物件は最初の年が一番儲かるけど、それ以降は段々と儲からない仕組みになっている。その理由は、税金とローン返済そして減価償却の仕組みにある。購入判断するだけならば今までの知識で十分だけど、賃貸経営は長年に渡る事業なので将来を予測することが重要だね。
ここから先は、上級編ということで税引き後のキャッシュフローの算出法について説明するね。少し、話が難しくなるけどしっかり理解するのだよ。

花子　はあい。花子頑張ります。

税金の話

茂助　花子さん、これから税金の話をしよう。ここからは少し複雑になるからしっかり聞いていてね。

花子　茂助さん、花子は税金のことよくわかりません。だって、自分で払ったことがないもの。
茂助　そんなことないだろう。買い物すれば消費税を払っている。
花子　あ、そうか。
茂助　所得税、住民税は会社が支払って、給与から差し引かれているのだ。家に帰ったら給与明細を見てごらん。将来賃貸住宅を所有したら自分で確定申告をして税金を支払わなければならない。そのためにも税金の知識は必要だよ。
花子　はあい。
茂助　まず、今まで説明したキャッシュフローは、税引き前のもの。実際にはその中から税金を払ってその残りが実際に自分の財布に残るお金（税引き後キャッシュフロー）なのだ。また、このとき払う税金は所得税、住民税、個人事業税がある。
これらの税金を支払うベースとなるのは課税所得と言われるもの。これに税率を掛けて算出するのだけど、課税所得は税引き前キャッシュフローとは異なるので注意が必要なのだよ。
花子　ええっ！　よくわかりません。
茂助　そうだろうね。ここは結構わかりづらいところだ。
実際に支払ったのに経費にならないものと、逆に支払っていないのに経費になるものがある。
まず、お金を払っているのに経費にできないのはローンの元金。
また、お金を払っていないのに経費になるのは減価償却。

これらを税引き前利益から調整して課税所得を計算する。

図にするとこんなふうになるね。

茂助　それじゃ、今回の税引き前利益が税金を払ったらいくら残るか試算してみようか。詳しい説明は後でするので、今回は計算結果だけ教えるね。

花子　はあい。

茂助　ローン返済額の元金返済分と利息分の内訳については、金融電卓で計算するね。今回は元利均等払いを前提にして計算すると、

元金返済額１１３万円＋利息返済額69・１万円＝合計１８２・１万円になる。

それから減価償却額は計算すると76万円になる。

税率を30％とするね。それを元に計算すると、

課税対象額は17万円＋１１３万円－76万円。

これに税率30％を掛けると税額は16・２万円だね。

ということは、税引き後キャッシュフローは17万円－16・２万円＝０・８万円だね。

花子　ガーン。税金払ったら残りは８千円なんて！　３０００万円投資してこの結果ですか。

なんでこんなに減るんですか？　花子びっくりです。

茂助　脅かして申し訳ないけど、翌年からは更に利益が減るのだよ。

花子　ええっ！　うっそー

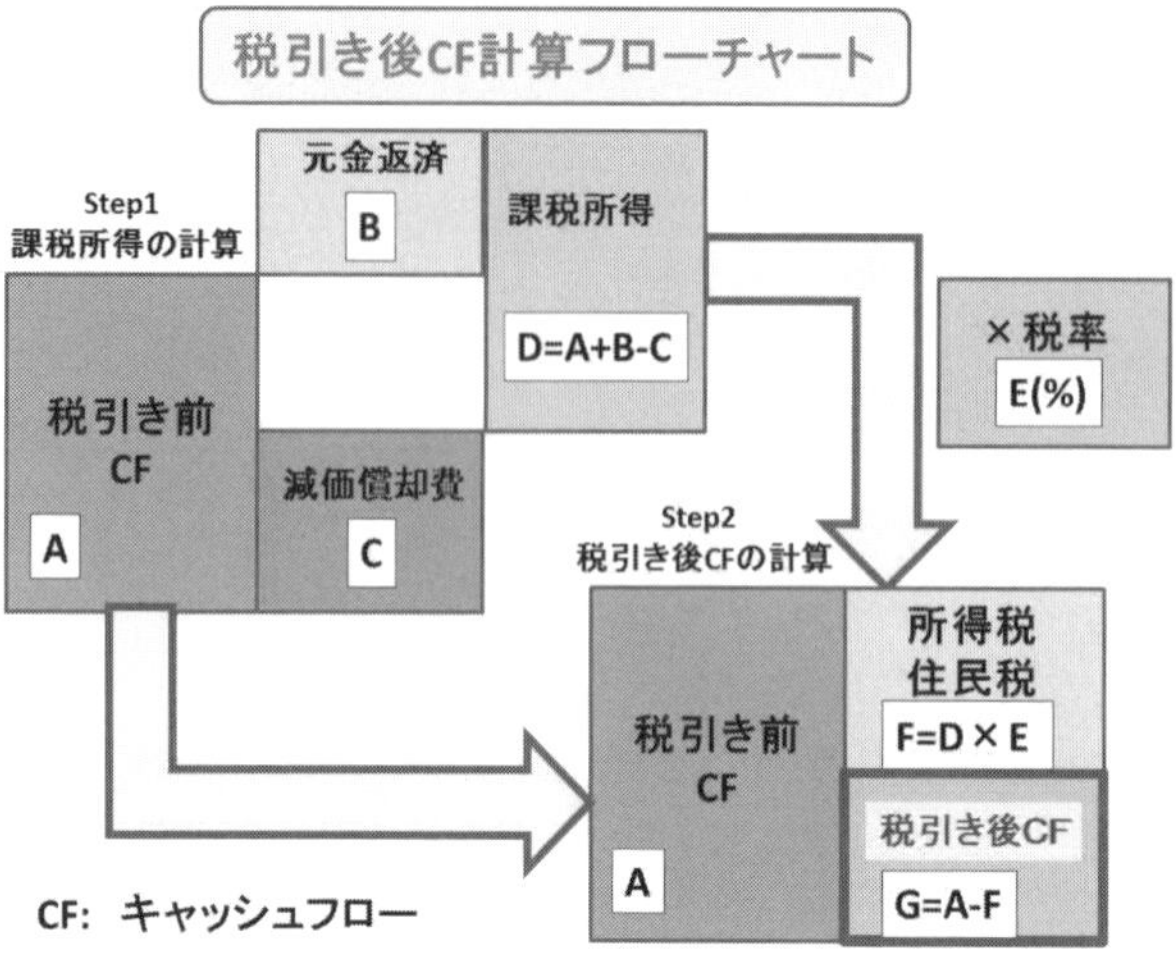
税引き後CF計算フローチャート
Step1
課税所得の計算
元金返済
B
課税所得
D=A+B-C
税引き前
CF
A
減価償却費
C
×税率
E(%)
Step2
税引き後CFの計算
税引き前
CF
A
所得税
住民税
F=D×E
税引き後CF
G=A-F
CF: キャッシュフロー

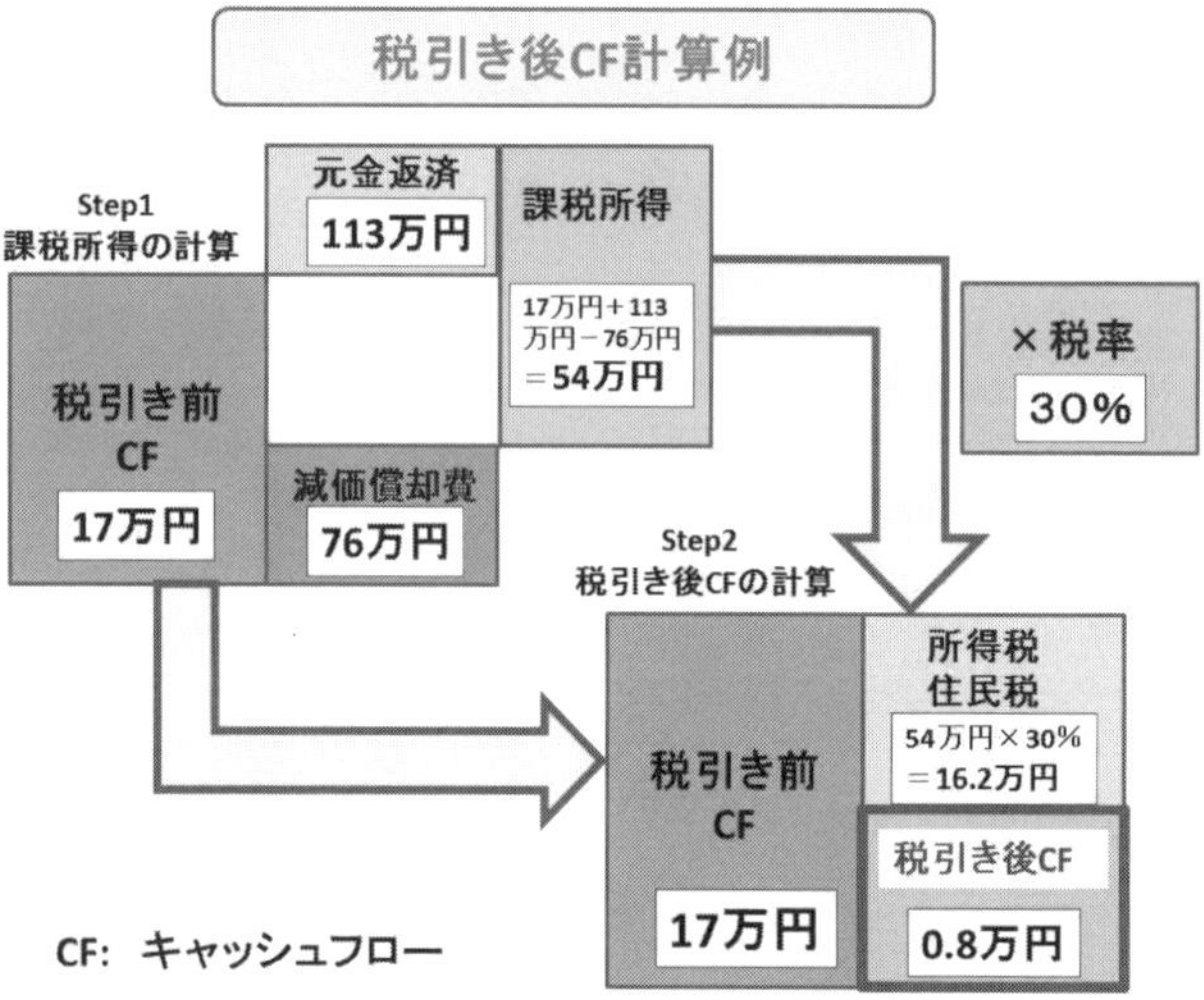
税引き後CF計算例
Step1
課税所得の計算
元金返済
113万円
課税所得
17万円＋113万円－76万円
＝54万円
税引き前
CF
17万円
減価償却費
76万円
×税率
30%
Step2
税引き後CFの計算
税引き前
CF
17万円
所得税
住民税
54万円×30%
＝16.2万円
税引き後CF
0.8万円
CF: キャッシュフロー

ローン返済について

茂助　ところで、ローンの返済方法は二通りあるのを知っているかい。

1　元利均等返済

2　元金均等返済

一般的なのは元利均等払いだね。

これは毎月同じ額を返済するので、計画が立てやすい。

元金均等払いは、毎月の返済額が変化する。

特に最初のころは負担が大きいので敬遠されがちだけど、利息の総額はこちらのほうが安い。

返済のイメージを図にすると、次頁のようになる。

花子　茂助さん、元利均等払いだと毎月の返済額が同じだから、利息と元本の内訳なんて関係ないじゃないの？

茂助　ところが、大いに関係があるのだよ。

以前話したように、ローン返済のうち経費として計上できるのは利息分だけ。

元利均等返済の場合、最初のうちは経費として計上できる金額が大きいので税金の負担が少ない。

元利均等返済

単位:万円

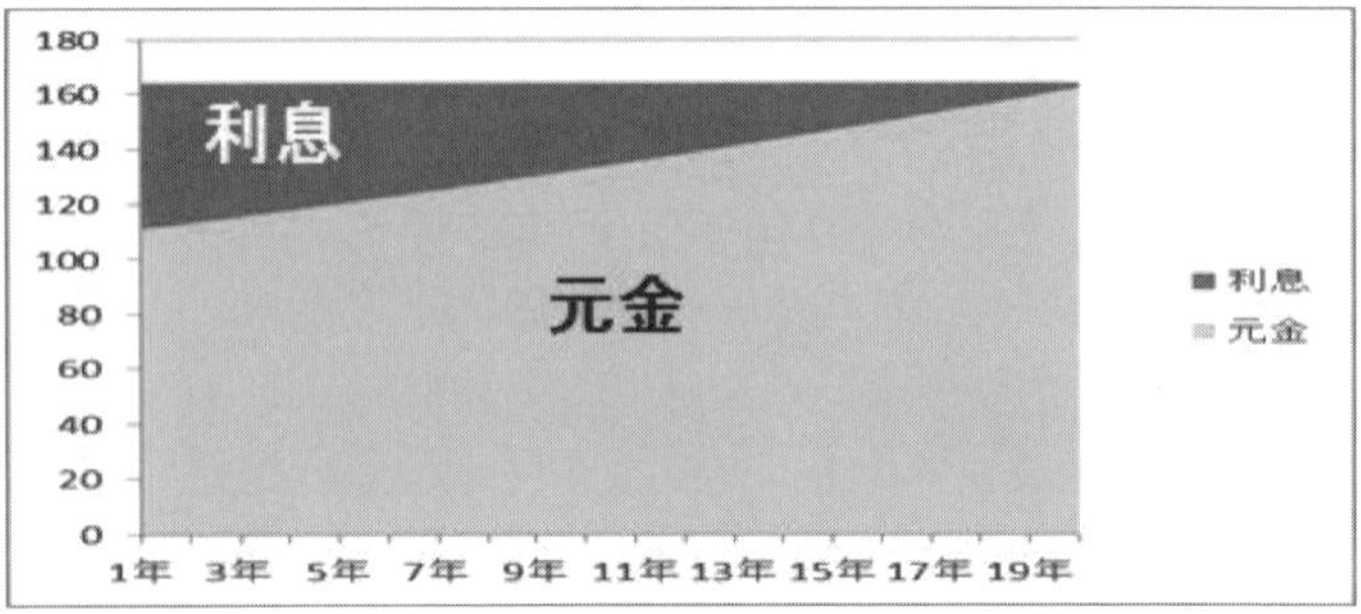

元金均等返済

単位:万円

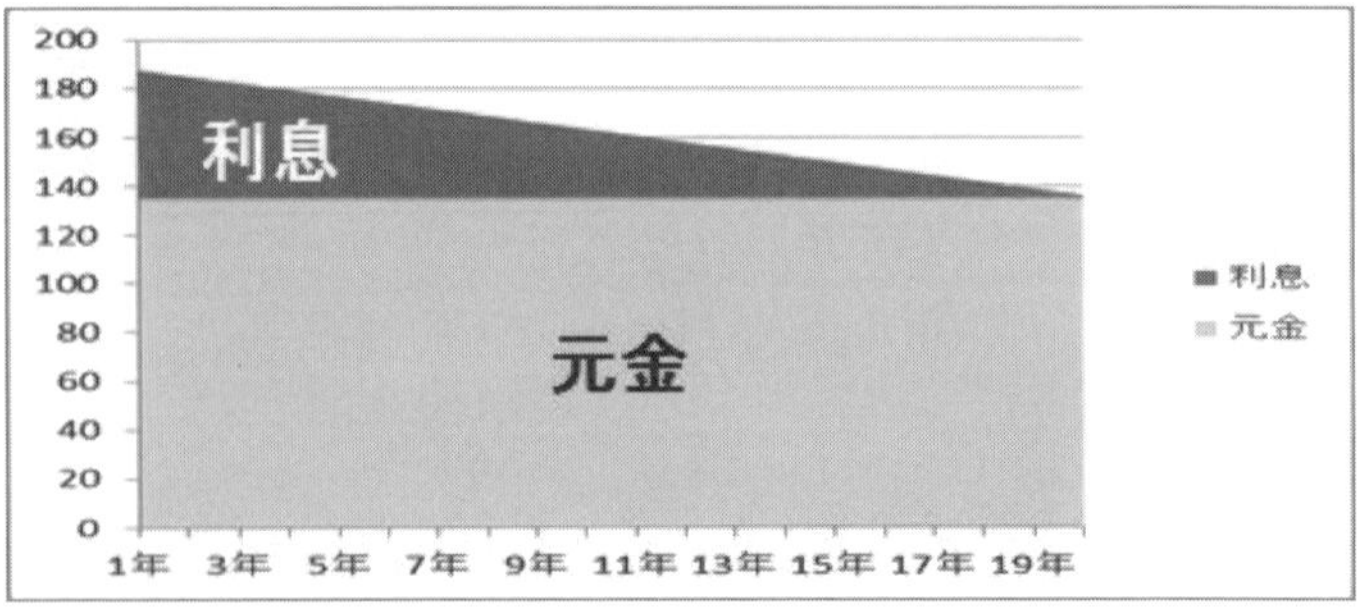

花子　茂助さん、だんだんと話の歯切れが悪くなってるわ。

茂助　実は、そのときにムダ使いをしてしまう人が多いのが問題なのだ。

最初は利息分の支払いが多いから税引き後のキャッシュフローが大きい。

将来は税金の負担が増えるし、建物が古くなると修繕費がかかるようになる。だから、それに備えてお金を残しておかなければならないのだけど、実際には気が大きくなって使ってしまう人が多い。そうなるとしばらく経って段々と税金が高くなったときに苦しくなる。特に最初に贅沢を味わって浪費の癖を付けてしまうと、その後生活が苦しくてもその習慣を変えるのが難しくなってしまう。ちょうどアリとキリギリスのような状況だね。

築後10年以上経過すると建物や設備の修繕費がかかるようになる。

例えば、エアコンや給湯器は10年以降に寿命を迎える。また、建物もあちこち傷んできて補修が必要になる。そのときに蓄えがないと十分な修繕ができず、先延ばししたりして部屋の価値が下がってくる。築15年ころになるとデッドクロスが訪れ、それ以降は節税の効果もなくなってしまうのだよ。あ、デッドクロスについては別な機会に説明するね。

だから、ローンの返済と税金との関係をしっかり理解することはとっても大事なのだよ。

花子　そうなのかあ。いろいろ知らないことがあって勉強になるわ。

茂助　これでローン返済の話はおしまい。

次は、減価償却についての説明だね。

減価償却とは

茂助　さて、それでは減価償却について説明しようね。
花子　茂助さん、ゲンカショウキャクって難しそうな呼び方ですね。
茂助　そうだね。なかなかわかりづらい考えだよね。
　最初に質問だけど、減価償却って何かわかるかい？
花子　わかんない。（キッパリ）
茂助　そうだろうなあ。私も昔はよくわからなかったものなあ。
　まず、減価というのは価格が下がるということだよ。
　例えば、車を例にとれば、新車と中古車との価格は違うだろう。そして中古車でも年式が古くなると更に安くなるね。
花子　それくらい花子にもわかります。でも、償却って聞きなれない言葉があるのでよくわからないわ。
茂助　そうだね。償却って普通使わない言葉だからね。償却とは簡単に言うと、費用にすることだよ。だから、減価償却というのは価値が下がった分を費用にすること。費用にすることは、経費として所得から引くことなのだ。

花子　うーん、まだよくわからない。

茂助　まあ、これ以上詳しい解説はしないけど、これから他の項目の説明も聞いているうちにわかってくるよ。

でも、土地については年を経ても価値は変わらないので、減価償却はないことは覚えておいてね。

もしも減価償却制度がなくなったら？

花子　ところで茂助さん、減価償却って仕組みがなくなるとどうなるでしょうか。

茂助　そうだねえ、減価償却がなくなると国としては税金が十分徴収できなくなるかもしれないね。

もしかして税務署もリストラされるかも知れないね。

花子　ええっ？　本当に？

茂助　まあ、まさかそんなことはないだろうけどね。

例えば、今年は利益が出そうだと予想される場合は税金を払うくらいならば、黒字分だけ使ってしまうことも考えられるね。

そうなると儲けはゼロとなり、当然税金はゼロになってしまう。

花子　あ、なるほど！　そうですね。

茂助　だから、建物などの固定資産は、その耐用年数を法律で定めて（法定耐用年数）毎年一定の額を費用として認める仕組みになっているのだよ。

花子　そういえば花子の会社でも業績の良いときは、期末近くになると予算が余るといけないとか言って、いろいろな備品などを余分に買ったりしたけど、これも税金を払いたくないからやっているのですね。

茂助　そうかもしれないね。昔はそんなことが多かったね。でも、今じゃ10万円以上のものは固定資産扱いになる。だから、経費として計上できるような安い消耗品を買いだめしてもあまり節税の効果はないと思うよ。

減価償却の種類

茂助　そのようなわけで減価償却費が多いと、費用として計上できる金額が大きくなるので、節税の効果が大きい。

減価償却は２つの計算方法がある。

1　定額法：毎年同じ額だけ減価償却費が発生する

2　定率法：毎年同じ率で減価償却費が発生する

イメージとしては、下図ようになるね。この図を見ると、最初のうちは定率法の減価償却費が定額法より多い。でも、やがてときが経つと逆転する。

ただし、減価償却費総額は両方とも同じだよ。不動産投資家はできるだけ早く投資した資金を回収したいから定率法を適用したいものだね。

でも、建物については定額法しか選べないことになっている。

ただ、建物に付随する設備について

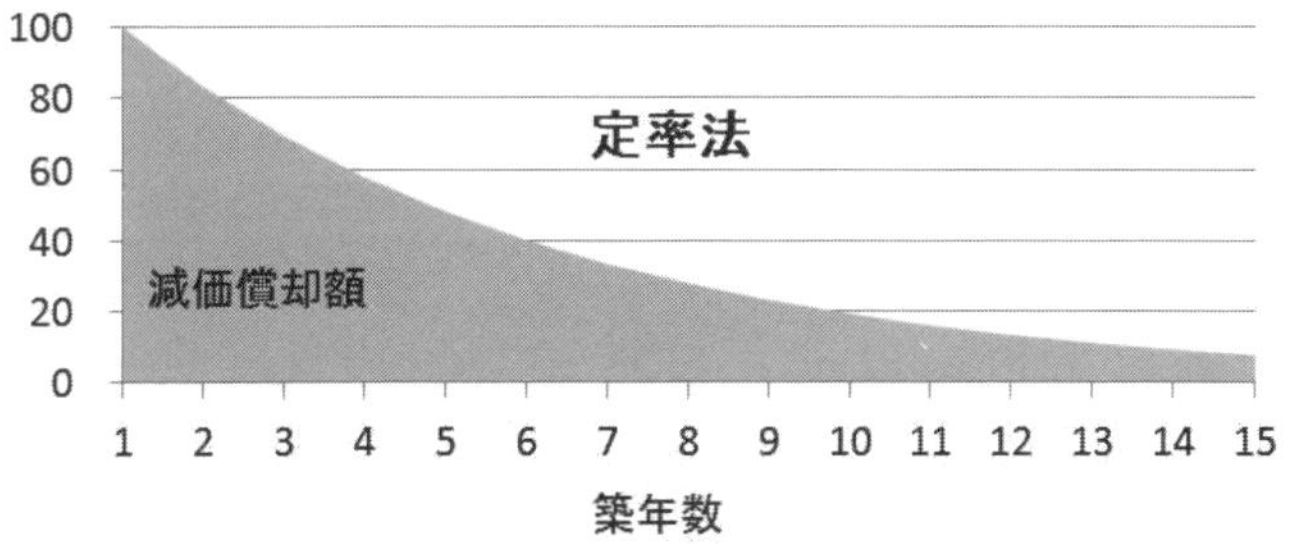

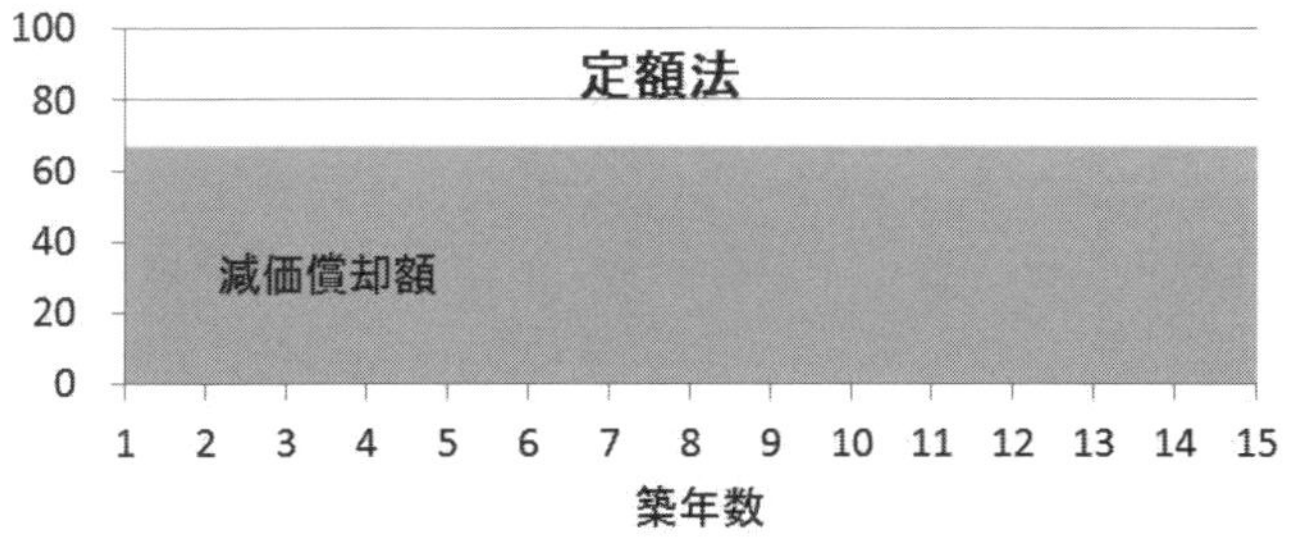

は定額法、定率法どちらも選べるのだよ。

でも、最初に決めたら途中でそれを変えることはできないのだよ。

豚の耐用年数は何年

茂助　減価償却費を計算するためには耐用年数を知ることが必要だね。

耐用年数とは、税金の計算のために定められたものだから、実際の寿命とは違うのだよ。

建物の場合は構造によって異なっていて、住宅用の場合、木造だと22年、、ＲＣだと47年と定められている。一般的な建物に付随する設備は15年。

余談だけど、固定資産の中には動物や植物も入っている。酪農では牛や豚を飼っているけど、これも耐用年数がある。例えば、乳牛は4年、豚は3年。樹木の場合はリンゴだと20年、といったふうにね。

花子　そうなんですか。固定資産といっても実際には動くものまで入っているんですね。
それじゃ、人間の耐用年数は何年ですか？

茂助　あのねえ、人間は固定資産じゃないよ。

花子　花子の会社の社長はとっくに耐用年数が過ぎています。既に償却が終了しているので早く更新したの。

茂助　まあまあ。穏やかに。

耐用年数の詳細は国税庁のホームページに掲載されているので、参照するとよいね。

中古資産の耐用年数計算法について

花子　茂助さん、新築についてはわかりましたが、中古の場合、耐用年数はどうなりますか。

茂助　中古の場合は　耐用年数＝（法定耐用年数ー築年数）＋　築年数×０・２となる。（少数以下切り捨て）

例えば、アダモ星空（軽量鉄骨　築26年）場合、軽量鉄骨の法定大尉用年数は27年だから、

耐用年数＝（27ー26）＋26×０・２＝６年となる。

花子　そうですか。中古でも２割の耐用年数の割り増しがあるんですね。

それじゃ、耐用年数を過ぎた物件の場合はどうなるの？

茂助　その場合は法定耐用年数×０・２となる。例えば、築22年を過ぎた木造の場合は、22×０・２だから４年だね。

花子　そうですか。耐用年数が過ぎた物件を買っても減価償却があるんですね。

茂助　その通り。わざわざ節税のために耐用年数の過ぎた古い物件を買って、減価償却が終わると同時に売却する投資家もいるくらいだからね。

最初に償却費を多く出す方法

茂助　実は、減価償却の申告のやり方によって納める税金の額が大きく変わっていくのだ。もちろん減価償却の総額は変わらないけど、購入後できるだけ早く節税したいと思ったらいろいろ工夫することができる。

花子　そんなことできるのですか？

茂助　まず、建物本体と付帯設備との金額を分ける。新築の際に内訳をつくっておけば良いのだけど、実際には建物と付帯設備の費用の内訳がわからない場合が多い。そんなわけで簡便法を使って7：3で分けることが多い。

次に付帯設備は定率法で計上する。残念ながら建物本体は定額法しか認められていないのでこちらは定額法で計算する。

例えば、建物代1億円のマンションがあったとすると、年々の減価償却はこうなる。

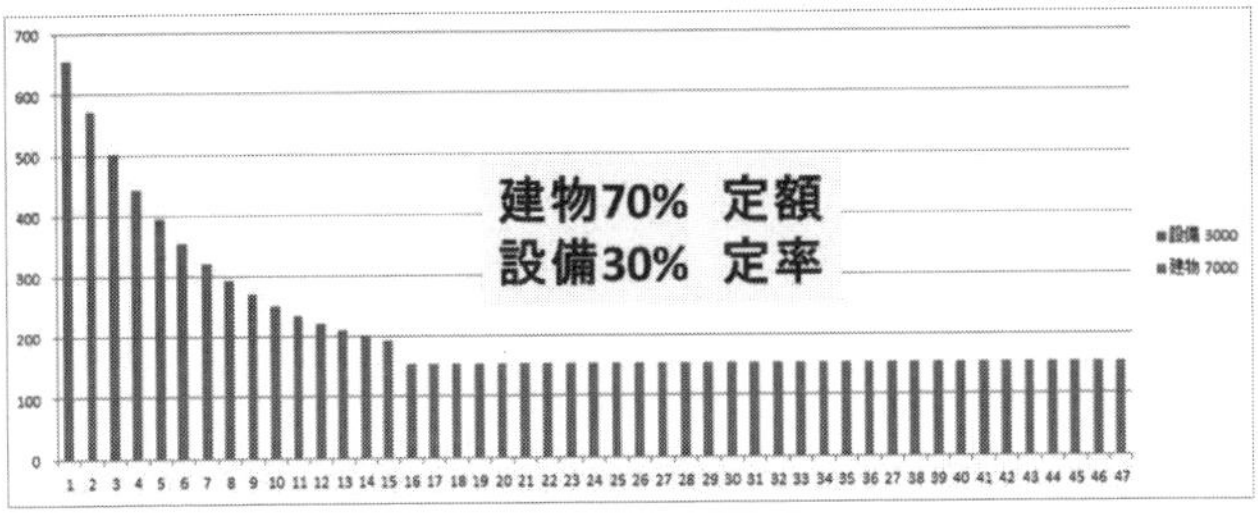

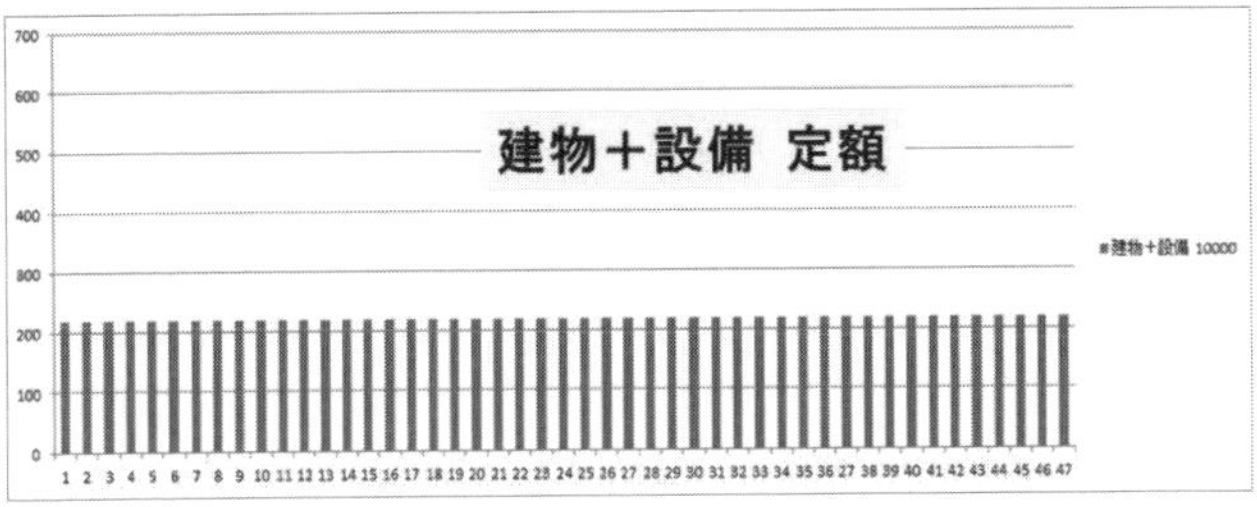

これを見ると、最初の年は多額の減価償却が発生しているね。

でも年々その額が減少している。15年以降は設備の減価償却が終わってしまう。

付帯設備を定額法で計算する場合は、このようになる。

15年までは同額の減価償却が続くがそれ以降は建物分だけになるね。

また建物と設備を分けずに建物の法定耐用年数を使用して定額法で減価償却した場合とを比較するとこのようになる。

この場合は、新築から47年間安定した減価償却額となる。

このように減価償却のやりかた次第では初期の節税効果が大きく異なってくるのだ。この方法を取らない投資家も結構多いね。

花子　そうか！　良いことを聞いたわ。この仕組みを知っていれば最初に大きく節税できる！

茂助　そうだね。例えば、設備の償却の違いだけでも先の例だと初年度は２００万円も申告所得が違ってくるからね。その差は大きいよ。

でも、やがては節税効果が薄れてくるので、それに備えてきちんと貯蓄しなければならないのだ。今回のアダモ星空は減価償却の期間が６年しかない。これから買っても６年で節税効果はなくなる。それ以降は税金が上がることがわかるね。

花子　えっ！　そうなの？　最初の年でも僅かな儲けなのに！　そうなったら赤字じゃない！

茂助　その通り。だから、築古物件は、表面利回りだけで判断してはいけないのだよ。

花子　そっかー　税務署が憎い！　花子、税務署に火を付けたいわ。

茂助　これこれ、そんな過激なことを言うものじゃないよ。

さて、これで減価償却の説明はおしまいだ。次回はデッドクロスについての説明をするね。

花子　また、難しいお話ですか？

茂助　簡単ではないけど、とっても大事な話だから良く聞いてね。

花子　はーい。それじゃ次回楽しみにしています。

それから1週間後。

デッドクロスとは何か

茂助　デッドクロスとは、毎年増加するローン返済の元金部分が年々減少する減価償却と同じ額になる点のこと。

花子　うーん、よくわからない。

茂助　もっとわかりやすくいうと、元利均等の場合、返済は年を経ることに元金の部分が大きくなることを話したね。そして前回、減価償却は年々少なくなると説明したね。ローン返済の元金部分は実際に支払っているけど費用にできない。

　減価償却は、逆に支払っていないけど費用にできる。これらの線が交差したところがデッドクロスと言われているところだ。

　言葉にすると難しいので、下の図を見ればわかりやすいよ。

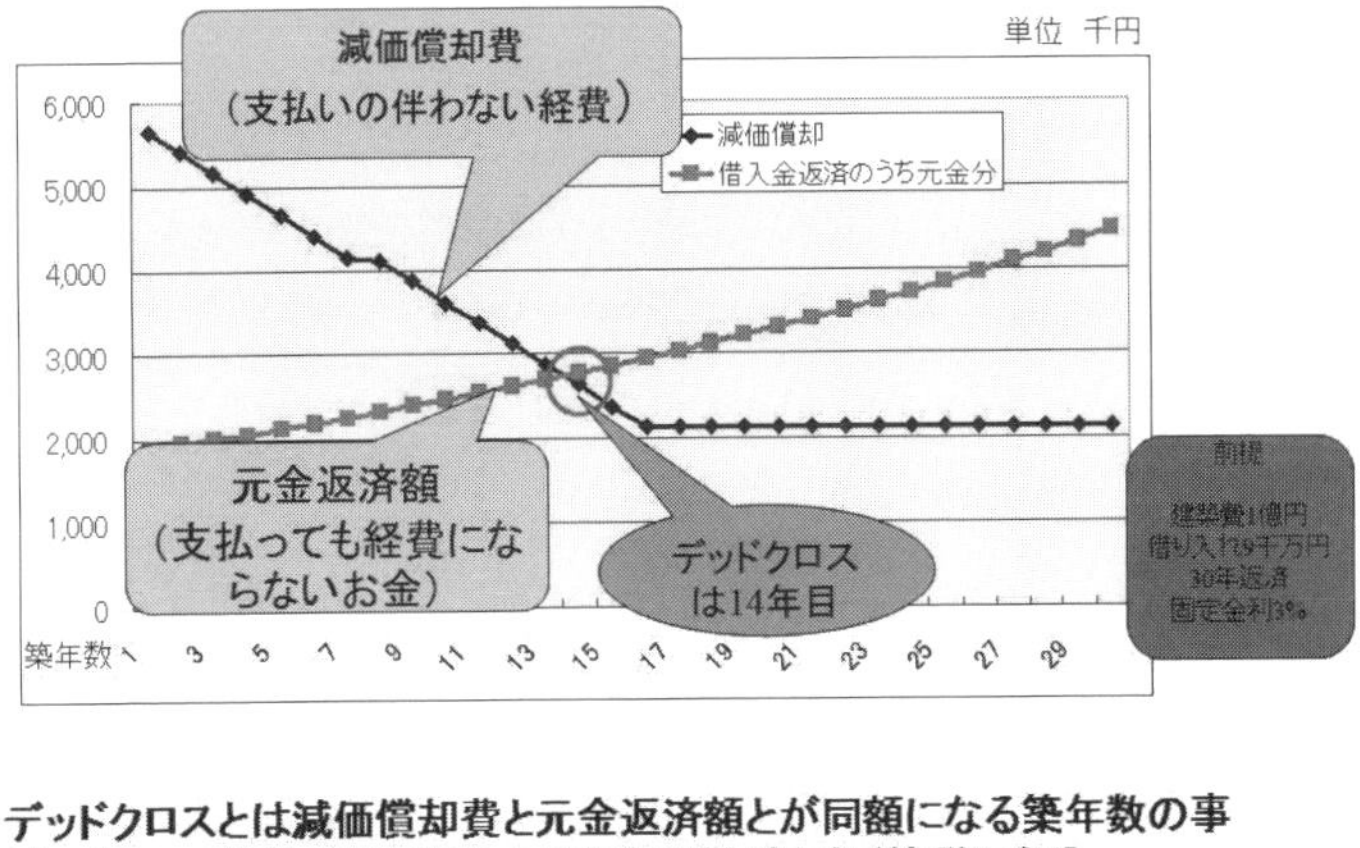

デッドクロスとは減価償却費と元金返済額とが同額になる築年数の事
デッドクロス前は手取り収入より申告所得が少なく節税になる
デッドクロス以降は手取り収入より申告所得が多くなり重税となる

花子　あ、よくわかる。
茂助　一般的にはデッドクロスは築10年から15年くらいの間でやってくる。
中古の場合は、大体減価償却期間の終わりがデッドクロスになるね。
アダモ星空だったら減価償却は6年だから、6年目がデッドクロスでそれ以降は税金が一気に高くなる。
そもそも、不動産投資は満室であれば初年度が一番儲かる。でも、それ以降は仮に家賃収入が同じだとしても年々利益が少なくなるのが特徴なのだよ。
まあ、世の中の大家さんの中にはこのからくりを知らない人が沢山いて、最初に浪費してしまい、デッドクロス以降は重税に悩むことになるのだね。
花子　恐ろしい！
茂助　だから、不動産投資家や大家さんはちゃんと勉強しなければいけないのだよ。

デッドクロスの語源

茂助　ところで、このデッドクロスって元々は株から来ている言葉なのだ。

株の指標の1つに移動平均法があるけど、短期の移動平均（25日）が下がり、長期の移動平均（75日）と交わる点をデッドクロスと呼んでいる。

これは、今まで上昇していた株価が下がるサインだね。デッドクロスが現れると投資家はそろそろ株価が下がると判断する。その逆はゴールデンクロスと呼ばれている。

不動産投資におけるデッドクロスという言葉はまだ一般的に使われ始めてから7、8年しか歴史がないけど今やすっかり有名になったね。

デッドクロスを避ける方法

花子　茂助さん、そんな怖いデッドクロスを避ける方法ってありますか。
茂助　そうだねえ。デッドクロスを避ける方法はあるよ。
え！　それはどんな秘策ですか？　花子だけに教えて。

茂助　それは簡単だよ。全額現金で購入すること。現金購入ならばデッドクロスは存在しない。

花子　なーんだ。つまらない。それができれば苦労はしません。

茂助　借金をしている限りデッドクロスは避けることができないけど、その影響を少なくする方法があるね。

1　頭金を多くして借入比率を下げる

2　繰り上げ返済をする

3　売却する

4　物件を買い増しする

普通業者は、4の方法を推奨してくる。確かに新しい物件を増やせばデッドクロスの影響は少なくなる。でも、これは業者が物件を売りたいために提案するのであってお客さんのためを考えているわけではないのだ。安易に買い増しすると借金が増えて自転車操業的な経営になりがちなので、しっかりと長期的な収支を確認しないといけない。

茂助　基本的にデッドクロスの影響を少なくするためにはいかに借金を減らすかがポイント。だから自己資金を増やすことが一番大切なのだ。

これでデッドクロスの説明はおしまい。花子さんわかった？

花子　はい、わかりました。デッドクロスは大家の恋人ですね。いわば腐れ縁で切っても切れない。

茂助　あはは、うまいことを言うねえ。それじゃ、デッドクロスについてはきちんと理解できたということだね。

不動産投資で成功するには

花子　茂助さん、不動産投資って思ったほど儲からないんですね。

最初の税引き後のキャッシュフローは少ないし、それが年々減っていくなんて。

茂助さんはそんな儲からないことを何でやっているのか不思議。

茂助　そんなことはないよ。私は家賃収入で生活できているからね。確かに普通のアパートを普通に買ってそのまま運営しているだけじゃ儲からない。

でも、その建物に付加価値を付けることで儲けられる物件に変身させることができる。茂助の場合は、外国人専用ということで付加価値を付けている。

それと常にお客様目線での経営をすること。お客様の満足度を上げるのは建物、設備を最良の状態にするだけでなく、トラブル対応を迅速にするとか、きちんと建物を清潔に保つことが大事なのだ。その結果、経営が安定する。

物件を買うまでは投資家目線でものを考えなければならないけど、買った後は大家目線＝お客様重視に変えなければならないよ。

花子　そうかあ。良くわかったわ。

女子大生
レモンちゃん
はい、お家賃
女子大生
イチゴちゃん
灰恵那町
税務署
ほんにゃら
不動産
渋井銀行
横縞工務店
花子
悲しい
これっぽっち？

風呂なしマンションの不思議

茂助　ところで、花子さん、風呂なしのマンションがあるって知っている？

花子　古いアパートだと風呂なしがあるのは知っているわ。お笑い芸人が下積みの時に住んでいたのをテレビで見たもの。お風呂の代わりに水を入れたビニール袋を吊るしてシャワー替わりにしていたんです。

茂助　そうかい、そんな暮らしをしている芸人もいるんだね。でも、このマンションは築浅の鉄筋コンクリート造りなのだよ。

花子　ええ！　うっそー！　そんなの、信じられない。

茂助　茂助も最初は何かの間違いかと思ったけど実際にあるのだ。しかも東京に。

実はそのオーナーは銭湯を経営していたのだけど、老朽化したのでマンションに建て替えて1階に銭湯を付けた。

入居者はその銭湯を利用するので、風呂は不要と判断したようだ。確かに風呂を付けなければ建築コストは安くなる。でも、今時風呂なしの部屋なんて例え1階に銭湯があってもいやだろう。

花子　花子そんなのいや。だって、わざわざお風呂に入るのに着替えを持って移動しなければならないし、営業時間以外はお風呂に入れないし。

茂助　そうなのだよねえ。恐らくオーナーはマンションのコスト削減を入居者の利便性より優先して考えたのだろうね。

やはり、入居者の満足度を最優先して考えれば当然コストは高くても部屋に風呂は付けるべきだろうね。

花子　そうですねえ。このマンション、入居状況はどうなんでしょうか？　気になりますね。

茂助　実は、その後この銭湯が廃業してしまったのだ。

花子　ええっ！

茂助　以前は曲がりなりにも銭湯の大きな湯船に入れるというUSP（Unique Sales proposition　差別化アイテム）があったけど、廃業したら只の風呂なしマンションだね。

そうなると、一体どのくらい家賃を下げたら入居者が入るか？　他に同じような物件がないので募集時には困るだろうね。

これが投資家目線と大家目線の違いの例だよ。花子さんは大家目線＝お客様重視を常に考えるようにしてね。

まとめ

茂助　花子さん、これで不動産投資の基礎知識の説明は終わりだよ。

花子　え、もう終わりですか。花子、これだけのお話を聞いただけでできるか不安です。

茂助　そんなことないよ。他の投資予備軍に比べたら格段に豊富な知識を持っているのだから自信を持ちなさい。

　でも、ここまでは机上でできる分析で、実際には現場に行って確認した上で決断することになるんだ。世の中の投資家の中には現場に行かないで、机上の分析だけで購入を決めることを自慢している人がいるけど、それは間違いだ。

　実際に現場に行くとデータでは見えないことが沢山あることがわかる。それらの情報を加えることにより正確な判断ができるのだよ。

　だから、机上の分析で良い物件と判断したら、絶対に現場にいくことだね。

　さて、高い買い物をする訳だから念のため、まとめをしよう。

茂助　今まで学んだポイントをまとめるとこうなるね。

◆募集チラシに記載されている表面利回りは現在の最良の数字であり、購入後の収入を保証されてはいない。

◆購入後の収益予測は、近隣の相場に置き換えて計算する。

◆ローン返済条件や減価償却を調べて税引き後利益を計算する。

◆それまでの分析結果を元に購入候補にするかどうかを決定する。

◆実際に現場に行き、実際の状態を確認する。

茂助　さて花子さん、今までの不動産投資の話を聞いてどう感じたかい。

花子　今までは不動産投資家や大家さんって不労所得があるので働かなくても良いから、いいなあと思っていました。

でも、実際には不動産投資って思っている程儲からないし、想像以上に大変な仕事なんですね。特に建物が古くなると補修費だけでなく、税金も高くなるのでその中で運営していくのは苦労するのですね。

茂助　そうか、良く理解したね。それじゃ不動産投資をやめるかい？

花子　いえいえ、せっかく勉強したのでやめるつもりないわ。

今まで聞いた中でリスクの原因はフルローンを使うからなので、手持ち資金がたっぷりあれば大丈夫です。

茂助　確かにその通りだ。だから、前から言うように、まずはしっかりと貯蓄をすることだね。

花子　はい、確かにそう思うわ。

茂助　そうだ。それが良い。それをわかってくれて茂助はうれしいよ。それじゃしっかり貯蓄に励んでくれたまえ。

花子　いいえ、花子お給料安いので貯蓄は無理。でも、大丈夫！　今日から宝くじ買いますから。

茂助　ちっともわかってないなあ。ガッカリ。

花子　茂助さん、いろいろお世話になりました。花子頑張って良い物件を探しますのでこれからも宜しくお願いします。

茂助　ああ、頑張ってね。お兄さんにもよろしく。

　こうして茂助さんの不動産投資の説明が終わりました。でも、花子さんはまだ基礎を学んだだけですので、これからは実践が必要です。

　それなのに花子さんは翌日から宝くじの当選を夢見て、売り場の行列に並ぶようになりました。

　一体、不動産投資の勉強は続けているのでしょうか？

あとがき

皆さん、カモネギ太郎さん、花子さんのお話を読んでいただきありがとうございます。

この３つの物語は、不動産マッチングサイト「楽待」に掲載したものを加筆修正したものです。

皆さんから「カモネギ太郎さん、花子さんのモデルは誰？」と聞かれますが、特定のモデルはいません。私が長年にわたるリフォームや空室対策のコンサルティングで経験した事実を基にしています。ですから、あなたの周りにもカモネギ太郎さん、花子さんは存在しているのです。

最近は、不動産投資ブームなので大家さんの集まりに出ると、これから不動産投資を始めたい人に沢山出会います。でも、皆さんとお話をすると、基本的な知識を身に付けずに始めようとしている人がほとんどです。

今は、不動産投資に関する本が沢山出版されていますし、無料あるいは格安の費用でセミナーも開催されています。でも、これらの内容は再現性のない個人の体験や断片的なノウハウの紹介が大多く、体系的に学べるものは非常に少ないのです。

日本不動産コミュニティーの不動産実務検定などの体系的に学べる講習会もありますが、まだまだ受講する人が少ないのが現状です。

カモネギ太郎さんの２つの物語では、今、人気のシェアハウスと戸建賃貸で陥りやすい失敗例を学んでいただければよいなと思います。

これらは新しい市場として注目を集めていますが、単に利回りが高いという理由だけで始める投資家も多数います。ぜひ、カモネギ太郎さんの事例を参考にして取り組んでいただきたいと思います。

カモネギ花子さんの物語では不動産投資に必要な知識をわかりやすく説明したものです。不動産投資の場合、表面利回りだけで投資判断する方が沢山います。ですが、それだけでは不十分で、体系的な知識を身につけることが必要です。花子さんと一緒に必要な知識を身につけていただきたいと思います。

最後に今回の出版に際し、いろいろとアドバイスをいただいた赤尾宣幸様、快く出版の承諾をしていただいた株式会社ファーストロジック様、そして、いつも執筆に対し励ましてくれた妻の恵理子に感謝いたします。

加藤　茂助

著者略歴

加藤　茂助（かとう　もすけ）

J-REC 公認不動産コンサルタント
〈他の保有資格〉ファイナンシャルプランナー（AFP）、第二種電気工事士
大学卒業後自動車製造会社に勤務し、長年海外工場の技術指導に携わる。
2007 年に早期退職後、母親の所有する築 45 年のアパート経営を引き継ぎ大家業を始める。老朽化で競争力がなくなった風呂なしアパートを外国人向けアパートにリノベーションして高収益物件に再生した。その後、今までの経験を活かし工場経営兼不動産コンサルタントを開業。現在は地方の中小企業の工場改善指導、不動産関係の講演、執筆、空室対策指導を中心に活動中。
＜著書＞　「行動する大家さんが本気で語る　選ばれる不動産屋さん 選ばれない不動産屋さん」清文社刊（共著）
＜執筆＞　不動産ポータルサイト「楽待」に茂助の名前でコラム連載中。

カモネギ太郎・花子と学ぶ　茂助流不動産投資法

2015年 6月19日　初版発行　　2015 年 8 月 3 日　第 2 刷発行

著　者　加藤　茂助　©Mosuke　Kato

発行人　森　　忠順

発行所　株式会社 セルバ出版
〒 113-0034
東京都文京区湯島 1 丁目 12 番 6 号 高関ビル 5 B
☎ 03（5812）1178　　FAX 03（5812）1188
http://www.seluba.co.jp/

発　売　株式会社 創英社／三省堂書店
〒 101-0051
東京都千代田区神田神保町 1 丁目 1 番地
☎ 03（3291）2295　　FAX 03（3292）7687

印刷・製本　モリモト印刷株式会社

Printed in JAPAN
ISBN978-4-86367-211-6